24H

夏威夷漫旅

Hawaii guide

Perfect trip for beginners & repeaters.

瑞昇文化

Aloha! E komo mai!

溫柔撫過臉頰的微風、令人興致高昂的巨大彩虹……夏威夷毫不吝嗇地嶄露那婀娜多姿的模樣，是一座任何人都會覺得「光是待在這裡就備感幸福」的奇蹟島嶼。

我至今已編纂過數十本夏威夷的旅遊書，也碰過不少要到夏威夷遊玩的友人問我推薦哪些景點和食物，這種時候我會整理出一份摘要送給他們。當他們回國後帶著閃閃發亮的眼神和我分享當地的所見所聞時，真的令我由衷地感到欣慰。我希望這本「旅遊書籤」，可以讓初訪夏威夷的人也能玩得彷彿舊地重遊。

白天可以到遠處的沙灘一覽璀璨無比的蔚藍汪洋，傍晚則能看見將整個世界染紅的落日。只要巧妙捕捉夏威夷每個時刻的容顏，並且試著擴大活動的範圍，相信你會大大感受到夏威夷更深層的魅力。

希望拿起這本書的讀者，都能和夏威夷編織出更多的幸福故事。

橫井直子

CONTENTS

24H *Hawaii* guide

Perfect trip for beginners & repeaters.

006 Hello！！OAHU ISLAND！！

008 4Days Perfect Planning

Noon (11:00-14:00)

048 前往美味午餐的集散地唐人街

050 阿拉莫阿那中心的超私房3H最佳行程

054 在如詩如畫的美術館享用美食

056 在海灘上享用Plate Lunch

060 花不到$15的海景午餐

062 像吃快餐一樣大快朵頤「Farm to Table」

064 享用比日本好吃一百倍的Ahi豪華午餐

066 想吃到便宜又好吃的牛排，鎖定中午時段

068 看不到台灣人?! 在地人熟悉的餐館

070 宇宙無敵可愛的紙藝品

072 跨上腳踏車，前往知名美食集散地

074 想買東西，只要有一間Whole Foods就能搞定8成

078 MY BEST 午餐

078 Loco Moco

079 Garlic Shrimp

080 Hamburger

081 Local Food

082 TIPS + MEMO IN THE Noon

Morning (05:00-11:00)

014 和水汪汪大眼的海豚來場海中約會♥

016 早起的鳥兒才有蟲吃！夏威夷流早晨活動

018 早餐太早吃也不能馬虎！

020 這裡有著非得開車才能看見的景色！

024 週日早上直衝凱盧阿農民市集！

026 輕鬆跋涉就能當個絕景HUNTER×HUNTER

030 前往值得專程探訪的世外絕美海灘

034 到達當天直接前往AMC採買必需品

036 換上整套當地服飾

038 MY BEST 早餐

038 Pancake

040 Bowl

041 Egg Benedict

042 French Toast

043 Fast Food

044 TIPS + MEMO IN THE Morning

★本書刊載內容為截至2018年7月的資訊。
★實際情形可能會在本書出版後有所變更，使用本書時請務必再次確認實際狀況。
★書中介紹的商品有可能現今已售完、或是價格變動。
另外，機構收支之費用、營業時間、公休日、菜單等資料也可能隨時改變，
請各位出門之前務必自行確認現況。
★若因本書內容造成利益受損，恕敝出版社無法負責，敬請見諒。

🔒 = 公休日　是原則上會標示節日和過年等期間之外的公休日。若無公休日的情況則不會標示🔒的。但無公休日的店家除了節慶之外，也可能會不定期公休，這方面還請各位讀者包涵。

$ = 費用　入場和入館若需收取費用，則表示成人的費用。

📍 = 交通　標示交通方式以及自出發地點前往該地的所需時間。

URL = 網址

MAP P.00A-0　標示此地點在地圖上的位置。

THE HOTEL *guide*

162 THE KAHALA HOTEL & RESORT

164 TRUMP INTERNATIONAL HOTEL WAIKIKI

166 EMBASSY SUITES BY HILTON WAIKIKI BEACH WALK

168 HALEKULANI

170 WAIKIKI BEACH MARRIOTT RESORT & SPA

172 OUTRIGGER REEF WAIKIKI BEACH RESORT

174 TRAVEL　INFORMATION

178 MAP

188 INDEX

Go to LOCAL TOWN

146 Kailua

150 Haleiwa

154 Chinatown

156 Kakaako

158 Manoa

Night (18:00-21:00)

116 **美如奇蹟的日落**，今天要到哪裡觀賞？

120 到**在地人鍾情不已的餐廳**，來一頓悠閒的晚餐

122 移民文化孕育出的**多國籍料理**令人為之讚嘆

124 **威基基夜晚**的享受方法

126 牛排就要吃**熟成牛排&Kiawe燒烤♥**

128 MY BEST 晚餐

128 Dress up Restaurant

129 Rooftop Restaurant

130 American & Japanese

131 Hotel Gourmet & World Gourmet

132 TIPS + MEMO IN THE Night

Midnight (21:00-00:00)

136 和歡樂的當地人乾一杯**精釀啤酒**！

138 **威基基尋寶之旅**的關鍵就在晚餐後！

140 聘請專業按摩師到府**SPA服務**來保養身體

142 **早餐名店**，深夜享受

144 TIPS + MEMO IN THE Midnight

Afternoon (14:00-18:00)

086 **招牌景點威基基海灘**，我會這麼過

088 **星級飯店**的利用方法

090 住不住都可以享受**時髦飯店**的樂趣

092 必買無疑的**10種食品**

094 為你精選不同區域的**必去咖啡廳**

096 絕對不會踩到地雷的**雜貨店**四大天王

098 早上爬不起來的人可以逛逛**威基基周邊的FM**

100 想早一點吃晚餐時，充分利用**Happy Hour**

102 怎麼這麼可愛！**$5以下的伴手禮**

104 **ANTHROPOLOGIE**的花紋精品超可愛

106 **海景晚餐**要選在剛開店的時刻

108 MY BEST 點心

108 Sweets

110 Malasada

111 Shave Ice

112 TIPS + MEMO IN THE Afternoon

閱讀　　　閱讀資訊的方式
本書之前　　☎ = 電話號碼　　🏠 = 地址
　　　　　　　⏰ = 營業時間、開館時間
　　　　　　　餐廳為開店～打烊時間，設施為最後入場、入館時間。
　　　　　　　有時實際營業時間會比書中標示還早結束，請務必注意。

本書記載之店家皆為出版時期之資訊，若有異動請以店家實際公告為主。

Hello!!
OAHU
ISLAND!!

前往讓人想一訪再訪的奇妙島嶼

北海岸壯闊的大自然美景、全球名列前矛的觀光區威基基、保留歷史情懷的唐人街街景……歐胡島小到開車3小時就能環島一圈,特色卻豐富到不能再豐富。就讓我們立刻出發,前往玩法多采多姿的奇蹟之島吧!

Kualoa
Ranch Hawaii

⑧③

H 2

H 3

Kailua

⑥③

⑥①

⑦②

Manoa

Chinatown

H 1

Waikiki

Diamond Head

Kahala

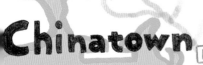

飛行時間

台灣→檀香山

約**10**小時

檀香山→台灣

約**10**小時

匯率

$1＝31新台幣

2018年8月的資料

夏威夷的通用貨幣為美元（US）。可以妥善運用威基基的兌幣所和信用卡（→P.176），減少損失。建議帶幾張$1紙鈔在身上，付小費時使用。

常見夏威夷語

aloha＝你好、我愛你
mahalo＝謝謝
e komo mai＝歡迎
ono＝好吃
pau hana＝下班
pupu＝點心
kama'aina＝當地居民
keiki＝孩童
wahine＝女性
kane＝男性
lani＝天國
kapu＝禁止、禁忌

時差

-18小時

台灣的時間快18小時，所以計算上來說，只要把台灣的時間加6個小時，並且往前推一天就可以了。夏威夷並沒有夏令日光節約時間。

物價水準

漢堡　　$13左右
咖啡　　$3起跳
鬆餅　　$8～14
啤酒　　$6左右

North Shor

Haleiwa

Dole Plantation

Aulani, a Disney Resort & Spa

最佳旅遊時間簡表

※日本往檀香山機票銷量年均變化

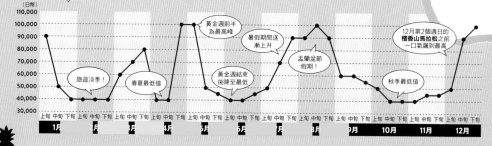

（日幣）

110,000
100,000
90,000
80,000
70,000
60,000
50,000
40,000
30,000

黃金週前半為最高峰

署假期間逐漸上升

盂蘭盆節假期！

12月第2個週日的**檀香山馬拉松**之前一口氣飆到最高

旅遊淡季！

春夏最低值

黃金週結束後陡降至最低

秋季最低值

上旬 中旬 下旬 上旬 中旬 下旬 上旬 中旬 下旬 上旬 中旬 下旬 上旬 中旬 下旬 上旬 中旬 下旬 上旬 中旬 下旬 上旬 中旬 下旬 上旬 中旬 下旬 上旬 中旬 下旬 上旬 中旬 下旬 上旬 中旬 下旬

1月　2月　3月　4月　5月　6月　7月　8月　9月　10月　11月　12月

4 Day *Perfect Planning*

即使只停留3夜,只要掌握訣竅就能度過充實到極點的時光。
盡情享受美食、購物、遊玩,理想的旅遊計畫照過來!

Planning:
Day 1

❝第一天就把全力花在
威基基周邊美食巡禮❞

一抵達飯店,先把行李寄放好後馬上出發。實際上第一天的活動時間只有半天,所以跑太遠並不是個好選擇。但如果就這麼停在威基基又有點可惜,所以租台腳踏車出去繞一繞吧!值得紀念的夏威夷之旅第一餐,就用經典的夏威夷米飯堡Loco Moco打開南國的開關。一天結束之際,再叫到府SPA服務來消除一天的疲勞。

HEAVENLY Island Lifestyle(→P.42)可以吃到夏威夷當地食材製成的餐點。

am 抵達檀香山國際機場!		
10:00 換上整套當地服飾	→P.36
12:00 享用比日本好吃一百倍的Ahi豪華午餐	→P.64
13:00 跨上腳踏車,前往知名美食集散地	→P.72
19:00 享受威基基夜晚的方法	→P.124
22:00 聘請專業按摩師**到府SPA服務**來保養身體	→P.140

Planning:
Day2

❝**早 點 起 床 出 遠 門 ！
目 標 前 往 在 地 城 市**❞

第二天的主題在於「如何遠離威基基！」。一
大清早便租好車子的話，就可以到在地城市一
日遊。跟著感覺走，也可以繞經海邊和山上看
看。如果剛好碰到農民市集開市日，也推薦大
家納入行程。難得出了趟遠門，晚餐也試試看
威基基郊外當地人愛不釋手的美食吧。

07:00 這裡有著**非得開車**才能看見的景色！　→P.20

從中選擇一項行程！

08:00 週日早上直衝**凱盧阿農民市集**！　→P.24

08:00 **輕鬆跋涉**就能當個絕景HUNTER×HUNTER　→P.26

09:00 前往值得專程探訪的**世外絕美海灘**　→P.30

Go to **LOCAL TOWN**　→P.145

19:00 到**在地人鍾情不已的餐廳**，來一頓悠閒的晚餐　→P.120

如果出門當天恰逢週
末，就前往Bellows
Field Beach Park吧
（→P.32）。

Planning:

Day3

❝ 早上的活動 →
午後時光
是血拚的決戰之日 ❞

毅力足夠的話，第3天一樣要從早開始行動！
如果參加早上的活動，回到威基基時也才中
午，感覺賺到不少時間。由於已經到了回國前
一天，下午就開始認真採買東西吧。不過別在
時間還很多的時候就開始趕行程，這樣很危險
喔。我們大概抓晚餐前回到旅館，所以記得逆
推時間，拿捏好行程進度，避免被占空間的行
囊消耗掉太多體力。

05:00 和水汪汪大眼的海豚來場**海中約會**♥　　→P.14

11:00 **阿拉莫阿那中心**的超私房3H最佳行程　　→P.50

16:00 想早一點吃晚餐時，充分利用**Happy Hour**　　→P.100

18:00 **美如奇蹟的日落**，今天要到哪觀賞？　　→P.116

20:00 牛排就要吃**熟成牛排＆Kiawe燒烤**♥　　→P.126

21:00 **威基基尋寶之旅**的關鍵就在晚餐後！　　→P.138

23:00 **早餐名店**，深夜享受　　→P.142

Bloomingdale's
（→P.51）充滿了「阿羅
哈」元素。在地品牌的各
項精品也優良得沒話說。

❝盡情享受到搭飛機前。
最後一天更要特別注重早餐❞

就算是搭上午的班機,也沒有「什麼都不能做」這回事,別太早放棄。早上趕進早餐店,傾注身心靈去享受這一頓早餐。如果不想吃早餐,散步在一片清新的空氣中也非常療癒人心。到聖地Kawehewehe泡泡腳,對夏威夷說聲「謝謝」之後再踏上回家的路程。

班機時間若不趕,最後一天或許有機會繞去午餐時段介紹的Whole Foods Market逛一逛

06:00	早起的鳥兒才有蟲吃!夏威夷流早晨活動	→P.16
06:00	早餐太早吃也不能馬虎!	→P.18
13:00	想買東西,只要有一間Whole Foods就能搞定8成	→P.74
	毫無遺憾地前往機場!	

MEMO & Last Day

☑ 到最後都要有效利用時間。美食停靠站。
莫伊里伊里的Kamehameha Bakery(→P.110)一早就開始營業,是前往機場路上的最佳停靠站。

☑ 也試試剛出爐的烘焙麵包以及冷藏品。
如果回國前買好司康和需冷藏商品,回到家後或許還能享受夏威夷風味?

☑ 登機前時間若充裕,回國當天逛超市也不是夢!
Whole Foods Market早上7點就開始營業,如果有伴手禮忘記買了的話,可以到這邊補貨。

Morning

05:00 - 11:00

就算在家是個愛賴床的人，到了夏威夷如果
還繼續賴床就太可惜了。海豚和農民市集、
戶外健行，以及從早上開始的各項特別體驗
都在等你發現。對了對了，千萬別忘了種類
豐富、任君挑選的夏威夷早餐囉。

位於東海岸的The
Kahala Hotel & Resort
（→P.162），可以看見
三三兩兩的人在海灘上散
步，等著迎接日出。

Best time :

05:00

夏威夷最療癒的小可愛

和水汪汪大眼的海豚
來場 **海中約會** ♥

棲息於夏威夷近海的海豚有
3種，其中最可能看見的就
是飛旋海豚。

大大大 12～4月時，也有機會看到游來歐胡島近海的鯨魚喔。

與海洋的守護神Honu（海龜）一同悠遊海中、富含阿羅哈精神的船員帶來的草裙舞以及烏克麗麗演奏，都是樂趣之一。

如夢似幻的海洋界偶像，為海豚傾倒

清晨5點半，空氣中仍殘留著夜晚的涼爽。觀賞野生海豚的日子，就比整個城鎮早一步醒過來，開始一天的行程吧。

搭上巴士，前往眾多海豚棲息的歐胡島（Oahu）西岸。

先在港口Waianae Boat Harbor進行夏威夷式的祈禱「E Ho Mai儀式」祈求航程一切順利、以及祝福各位都能看見海豚，接著便上船出海。

在夏威夷看見的海豚屬於**飛旋海豚**，顧名思義，是一群擅長旋轉飛躍的小可愛。如果從船上看見海豚群的話，船員們就會打信號，接著就可以正式躍入海洋！海豚是在晚上進行狩獵，白天是牠們的休息時間。牠們十分親近人，可愛到了極點，而且還會朝著我們游過來，好像是在對我們說「一起來玩吧」。

即使看不到牠們的身影，牠們可愛的叫聲依然會響徹海中，美夢般的時光令人回味無窮。不過之後還有皮艇等多項活動在等著你呢。

即使已經玩到筋疲力盡，還是會想立刻再見海豚，這種心情真是不可思議。

Dolphins and You
ドルフィン＆ユー

享受海豚相伴的療癒時光

可以和野生海豚一同悠遊海中的導覽活動！搭接駁車前往懷亞納耶（Waianae），再乘船接近海豚聚集的地點。此外還可以享受浮潛以及各種活動。船上也會供應特製的午餐喔。

(MAP) P.179 B-3 ☎ 808-696-4414
⌂ 307 Lewers St. Suit 401 Watumull Building（辦公室）
費用／$156（包含接送、午餐、浮潛器具）
導覽時間／5:30〜12:45（依季節調整）休息／檀香山馬拉松當日
HP（www.dolphinsandyou.com/ja/）
需攜帶／泳裝（在旅館先穿好）、海灘巾、防曬油，可以披在身上的防曬衣物

Best time :

06:00

在家辦不到，但在夏威夷的話…！

早起的鳥兒才有蟲吃！
夏威夷流早晨活動

艷陽高照的夏威夷，早晨時會展現出完全不同的面貌。就算只是吃早餐時順便也好……總之出門就對了。以威基基飯店密集地帶為中心的徒步圈內就有很多地方，適合度過美好的早晨時光。

PATTERN.1

@Diamond Head
Road
穿過道路來到觀景高台

如果從威基基出發，穿過卡波拉尼公園（Kapiolani Park）後會看見一條緩緩的斜坡，叫作鑽石頭路（Diamond Head Road）。這條路也是檀香山馬拉松的路線，不時可以看見衝浪手準備前往鑽石頭海岸（Diamond Head Beach）的身影。穿過九重葛盛開的道路，就能抵達絕佳的觀景地點，從高台一覽海洋風光！

Diamond Head Road
ダイヤモンド・ヘッド・ロード

MAP P.180 E-5　♀ 從Kapiolani Park
通向Diamond Head Beach的道路

★ ★ ★ 阿拉威運河（Ala Wai Canel）畔的人行道禁止使用滑板以及腳踏車等交通工具。

PATTERN.2
@Ala Wai Canal旁
Run！Run！Run！

Ala Wai Canal
阿拉威運河

MAP P.187 B-1　♀ Ala Wai Blvd.旁

阿拉威運河也是威基基與其他當地城市之間的界線。過去威基基一帶曾是溼地區，由於觀光化政策，於1928年建造了這條運河。周邊的人行道完善，如今已成為慢跑與Holoholo（散步）的絕佳地點。海邊的浪潮聲雖然也很沁人心脾，不過早晨時分，運河的水面如明鏡一般映照出藍天白雲，非常推薦給想要靜靜開始一天行程的人。累了就找張長椅坐下，觀賞划艇的練習也不賴。

Ala Wai Canal

Diamond Head Rd.

Waikiki Beach　Kapiolani Park

PATTERN.3
@Kapiolani Park裡
喝杯咖啡

Kapiolani Park
卡波拉尼公園

MAP P.184 F-5　♀ Paki Ave.旁

雖然離威基基這麼近，卡波拉尼公園卻鮮有觀光氣息，對早起的人來說可是個好去處。在宣告早晨來臨的一片鳥鳴中，做做瑜伽或散散步，隨意地活動活動身體還挺舒服的。就算只坐在樹蔭下喝杯咖啡，也別有一番享受。我們可以到卡波拉尼公園最近的星巴克（MAP P.186 F-3）帶一杯咖啡，再到公園慢慢享用。由於太陽是從鑽石頭山的後頭升起，所以威基基跟東岸相比，看到日出的時間會比較晚。看了鑽石頭山背後散發出神聖的光芒，從中獲得能量後，神清氣爽的一天便正式開始。

PATTERN.1

到24HOUR餐館
吃頓豪邁的美式餐點

如果想來頓原汁原味的美式早餐，可以到
Kuhio Ave.上的 I HOP。這間店24小時全年
無休，必須一大清早離開威基基時，這間店會
是絕佳的選擇。不過要注意的是，一定要挑一
早起來胃的狀況沒問題的時候去，因為有可能
點份鬆餅就會送來一道附著蛋料理＆薯餅＆培
根的超高卡路里組合餐也說不定。這間店具有
傳統的美式餐館風味與舒服的氣氛，讓人不知
不覺就推開了它的大門。

可以無限續杯的
咖啡＄4.99、
雞肉法士達歐姆
蛋$17.99、香
蕉草莓法式吐司
$15.99。

I HOP
アイホップ

24hour
OPEN

(MAP) P.187 B-2
☎ 808-921-2400
🏠 2211 Kuhio Ave.
🕐 24小時　🚫 全年無休
📍 OHANA Waikiki Malia 1樓

Best time :
06:00

無論回國當天還是平時早起出門都要吃頓好的。

早餐太早吃 也不能馬虎！

為了參加活動而早起出門的日子或是回國當天，都是從一大早就匆匆忙忙！
這時可以到早上有營業的店家，同時也別忘了注意地點方不方便。

PATTERN.2

ABC STORE的熟食也可以
買回來享受Ocean View

Lanai（大陽台）就是夏威夷人的餐廳。如果
訂到的飯店房間附有Lanai，就可以坐在室
外，感受海風吹拂、享受早餐，好吃的程度也
多了3成。ABC Store的第38號分店有熱騰
騰的熟食區，可以外帶現做的熟食。然後再帶
一杯Island Vintage Coffee的咖啡吧。不必
在意任何人的眼光好好享用早餐，對懶勁十足
的人來說沒有更好的選擇了！

ABC Store#38
ABCストア38号店

6:30
OPEN

(MAP) P.187 B-4　☎ 808-926-1811
🏠 205 Lewers St.　🕐 6:30～凌晨0:00
🚫 全年無休　📍 Lewers St.上

超豪華薯餅早餐$7.99等
熱熟食的早餐餐點，供應
時間為6:30～10:30。

Island Vintage Coffee（→P.65）
6:00開始營業，食物則自7:00以後
開始供應，不過Acai Bowl（巴西莓
果碗）從6:00就開始供應了。

★ ★ ★ 威基基區內的24H餐館還有Wailana Coffee House（→P.143）和Denny's（(MAP) P.187 B-4）。可以根據飯店位置來選擇比較近的店家。

PATTERN.3

飯店的自助餐
從6:00開始供應
可以享受豪華大餐

其實只有少數飯店的餐廳會從6點就開始供應早餐，例如Moana Surfrider的The Veranda。超過50種餐點的自助料理、現點現做的歐姆蛋、以及飯店自製的糕點麵包都令人食指大動。觀賞著古典的維多利亞風格建築以及中庭的榕樹，優雅地揭開一天的序幕吧。

The Veranda
ザ・ベランダ

6:00 OPEN

MAP P.186 D-3
☎ 808-921-4600
🏠 Moana Surfrider, A Westin Resort & Spa 1樓
⊙ 6:00～10:30
🔒 全年無休

自助早餐一人基本餐費是$36。最推薦的餐點就是班尼迪克蛋，檸檬風味十足的荷蘭醬味道清爽，適合早餐食用。鬆餅和法式吐司則是現點現做。

Best time:

07:00

離開威基基，感受夏威夷的魅力！

這裡有著 *非得開車* 才能看見的景色！

離開威基基一步，就能看見充滿自然風光的歐胡島。早上起來租好車後就上路吧！繞遠路時的沿途風景可是兜風時最棒的享受呢。

Let's Drive!

在景點拍照留念

ⓒ Hanauma Bay

這座海洋公園是十分知名的浮潛地點，你可以到這邊游泳，也可以從高處一覽海灣的美景。如果要進場的話得早點抵達，否則車位很快就沒了。

目標是超人氣城鎮，來趟沿海兜風之旅！

Go to
Kailua

如果租車前往凱盧阿（Kailua），推薦走72號道路，而非路程較短的61號道路。不僅沿途可以看見連綿的美麗海灘，還可以就近瞻仰可可火山（Koko Head）。這條東岸沿海道路充滿了各種的景點，絕對有繞遠路的價值。

先在Hawaii Kai 買好飲料＆墊墊肚子

開出Hawaii Kai社區後，會有好一段路都看不見商家攤販，所以建議可以在這裡先準備好水和食物，也可以先吃點東西墊墊胃。

Ⓐ Island Brew Coffeehouse

過了住宅區，就能發現這種海崖！

Ⓑ China Walls

小公園Koko Kai Mini Beach Park前面的陡坡下去後有一處岩石區。這個好地方可以讓你盡情享受自然界的鬼斧神工，不過浪高較高的日子，激起的浪花也比較洶湧，為了安全著想還是站在高處觀賞就好。

IN THE *Morning* (05:00-11:00)

★★★ China Walls旁沒有什麼能停車的地方，像這種景點就快快拍個照留念。拍完繼續上路吧。

020

經過恐龍灣後…
就是一大～片山！！

從威基基出發，差不多經過恐龍灣（Hanauma Bay）後，巍峨的可可火山就會出現在正前方！

右方海岸線粉墨登場！！

這條路線最大的魅力，就在於連綿不絕的海岸線。坐在車上好好將這幅美景烙入腦海裡吧。

找找看冬天時會出現在近海的鯨魚身影！

Ⓕ **Waimanalo Beach**

曾獲選全美No.1的海灘。從馬卡普角（Makapu'u Point）前方近海處的兔子島（Rabbit）到Lanikai的莫窟魯阿島（Na Mokulua）都一覽無遺。

將車子停在喜歡的沙灘旁，小小游個泳 ♥

Ⓓ **Lanai Lookout**

晴天時，可以看見拉奈島（Lanai）和摩洛凱島（Molokai）。雖然有很多人會跨出停車場的圍籬走進裡頭，不過其實那一區是禁止進入的。

開車的話還能輕鬆繞去能量景點

這裡有兩座Heiau（神殿），分別供奉著一尊男性神與一尊女性神。兩尊神都是漁業之神，保佑漁民航海的安全。我們或許也可以繞過去一趟，祈求祂們保佑我們旅途平安呢。

GOAL!!

Kailua Town

經過滿滿海洋風光的調劑後，終於抵達了凱盧阿。這邊的很多店家，像一些知名鬆餅店都很早打烊，所以一定要注意時間喔！

Ⓔ **Makapu'u Heiau**

Ⓐ **Island Brew Coffeehouse** アイランド・ブリュー・コーヒーハウス→ P.95　Ⓑ **China Walls** チャイナ・ウォールズ **MAP** P.178 F-5　🏠 Hanapepe Pl.　📍 Koko Kai Beach Mini Park內。從威基基開車前往約30分鐘〔Hawaii Kai〕　Ⓒ **Hanauma Bay** ハナウマ **MAP** P.178 F-5　☎ 808-396-4229　🏠 100 Hanauma Bay Rd.　🕐 6:00～18:00　🔒 週二　$ 7.50　📍 自威基基Kuhio Ave.出發，搭乘The Bus 22號公車約40分鐘，在Hanauma Bay下車。從威基基開車前往約30分鐘〔Hawaii Kai〕　Ⓓ **Lanai Lookout** ラナイ・ルックアウト **MAP** P.178 F-5　📍 Kalaniana'ole Hwy.旁　Ⓔ **Makapu'u Heiau** マカプウ・ヘイアウ **MAP** P.178 F-5　📍 Makapu'u Beach的停車場旁。搭公車的話則從威基基搭乘22號或23號公車，在Sea Life Park站下車後馬上就能走到。從威基基開車前往約30分鐘〔Hawaii Kai〕　Ⓕ **Waimanalo Beach** ワイマナロ・ビーチ→ P.56

穿過哈雷伊瓦（Haleiwa），繼續前行！

Go to **North Shore**

經由H1、H2進入99號道路後，便是一片恬靜的紅土田園風景，也開始看得見北方的海域了。
如果自駕的話，隨心情在Kukaniloko和Waialua等鄰近的景點停下腳步也沒問題。

參訪神聖的地點，獻上鞠躬

Ⓑ Kukaniloko Birth Stones

過去是皇室孩子出產的地方，現在有很多人會來這裡替自己的孩子祈禱，或是新求懷孕的媽媽安產。大家帶著敬意，到這神聖的地點參訪看看吧。

進入哈雷伊瓦前喝杯咖啡小憩一下

Ⓐ Green World Coffee Farm

這間咖啡店自己擁有7畝寬的農園，常年都能品飲到4～5種咖啡，也有販賣咖啡豆。兜風兜到一半，來杯不到$5的咖啡，充個電再上路。

到Waialua的懷舊建築物中探險

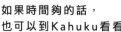

Waialua有咖啡工廠和香皂工廠，而且這裡的建築物古色古香，很引人入勝。可以在這邊找找咖啡豆和手工香皂來當伴手禮喔。

只限冬天的樂趣！！迷上衝浪！

Ⓒ Ehukai Beach Park

一到冬天，北海岸就成了衝浪者的天堂。如果開到喜歡的海灘，也可以停下車來看一看。

抵達哈雷伊瓦！

抵達哈雷伊瓦！這是一座能夠邊走邊享用蒜爆鮮蝦（Garlic Shrimp）、刨冰、烤雞（Huli Huli Chicken）與其他各類小吃的城鎮，一定要空著肚子來這裡喔。

如果時間夠的話，也可以到Kahuku看看

Ⓓ Kahuku Farms

如果時間充裕，建議到Kahuku看看。也推薦各位參加農場導覽行程喔。

Ⓐ **Green World Coffee Farm** グリーンワールド・コーヒーファーム MAP P. 179 C-3 ☎ 808-622-2326 ♠ 71-101 N.Kamehameha Hwy. ⏰ 6:00～17:00（週五～18:00，週六、日 7:00～18:00）♥ 全年無休 ♥ 從威基開車前往約40分鐘〔Wahiawa〕Ⓑ **Kukaniloko Birth Stones** クカニロコ・バース・ストーン MAP P.179 C-3 ♥ 經H2通往Kamehameha Hwy.，開過Wahiawa的橋後右轉。從威基開車前往約40分鐘〔Wahiawa〕Ⓒ **Ehukai Beach Park** エフカイ・ビーチ・パーク→P.32 Ⓓ **Kahuku Farms** カフク・ファーム MAP P.178 D-1 ☎ 808-628-0639 ♠ 56-800 Kamehameha Hwy. ⏰ 11:00～16:00（咖啡廳）♥ 週二 ♥ 從威基開車前往約70分鐘〔Kahuku〕

★★★ Kukaniloko Birth Stones對夏威夷人來說是很神聖的地方，千萬不能爬上岩石，也不能偷帶石頭回家。

How to Rent-a-car?

FOR BEGINNER

第一次海外開車
夏威夷是最佳選擇。

講到夏威夷的大自然，很多人可能會想到夏威夷島等離島，不過歐胡島也有很多自然美景，讓人不禁驚嘆「怎麼可以美成這樣!?」想要見到這些美景，絕對要租一台可以自由上山下海的車子。有些人可能會抗拒在國外開車，不過夏威夷的道路不複雜，最適合第一次在海外開車的新手上路。

選擇Hertz租車的話，還有日語導航可以使用，開上高速公路也暢行無阻。而且Hertz租車還能事先設定好目的地，可以省下借完車後還要另外設定導航的麻煩。我們要追求與威基基截然不同的美麗風光，所以坐上車，出發吧！

Hertz
ハーツ・レンタカー

(URL) www.hertz.com
🏠 營業所
・Daniel K. Inouye International Airport
☎ 808-837-7100
🕐 4:30～凌晨0:00
・Hyatt Regency
☎ 808-971-3535
🕐 7:00～21:00

Hertz的輔助系統讓海外駕車新手也不必擔心

導航系統
還能事前登錄景點

出發前可以先搜尋好想去的地方，並下載到USB裡。將USB插入導航，就能夠讀取出目的地的資料了。

Hertz還有
推薦路線的MAP

官網上也有刊載「提升女人味」、「經典」等不同風格的推薦路線，依目的來規劃路線也非常有趣！

事前預約，
便宜又安心

就算想到當地再租車，也可能會租不到想要的車型。而且只要善用折扣，預約租車還會比當地租車更便宜。

Kailua Town Farmers' Market
on
SUNDAY MORNING

現場演奏、瑜珈、在地人的早餐,全～都齊聚在這裡!

Best time :
08:00

週日早上直衝
凱盧阿農民市集!

餓著肚子去尋找
夏威夷食材製成的早餐

星期日早上,就算肚子餓得咕嚕咕嚕直叫也要忍住殺去ABC Store的衝動。請帶著遠足的心情,前往農民市集。

凱盧阿農民市集(Kailua Town Farmers' Market)的主辦人Pamela Boyar是讓「地產地銷」概念深植當地的核心人物。參與市集的攤販全都是通過嚴格條件篩選的夏威夷當地商家,所以在這裡買東西、吃東西,都是對小農的支持。

就像鄰居來訪一樣自在的氣氛魅力十足,這肯定就是凱盧阿原本的面貌。

早餐過後,就到街上散散步吧。順帶一提,假日的時候很多凱盧阿商家都會提早打烊,所以去的時候要注意時間喔。

★★★ 這裡也有Keiki(孩童)區,不少當地人都會帶孩子來逛逛。而且還有租借地墊的服務,所以空手前往也OK。

日曬番茄乾＋杏仁果沾醬$8。

現烤的麵包1個$3。

石頭窯烤羊乳起司披薩$14。

含有羽衣甘藍和芒果等蔬果的果昔$5。

彩椒馬鈴薯義大利烘蛋$11。

Kailua Town Farmers' Market
カイルア・タウン・ファーマーズ・マーケット

約30分

食物與工藝，全都源自夏威夷

除了適合當早餐的石窯披薩和綠色果昔，也看得見許多販售天然藥妝品的攤販。除了購物之外，還有傳統食物Poi（芋泥）的實作觀摩、現場音樂演奏、免費室外瑜珈課等許許多多的樂趣。

MAP P.178 E-1 ⌂ 315 Kuulei Rd.
⊘ 週日8:30～12:00
♥ Kealakehe Elementary School。從威基基開車前往約30分鐘〔Kailua〕

MY RECOMMENDED GIFT

（右起）消除肩頸僵硬、緩解關節疼痛的乳膏，一罐$20。夏威夷島產的夏威夷豆醬$12。

有些年輕人會跟著現場演奏的音樂起舞，也有不少當地居民會參加9:00開始的免費瑜珈課，整個市集充滿悠閒的氣氛。

Best time :

08:00

花朵、海洋、還有瀑布！

輕鬆跋涉 就能當個 絕景HUNTER×HUNTER

走著走著就會發現
大自然巧手編織出的色彩美學

照理說，到了夏威夷就是要到海邊，不然要幹嘛？不過我個人反倒認為，怎麼可以錯過這些植物強大生命力的模樣呢！早上8點還殘存著些許的涼意，趁這個時候出發追尋那壯麗的光景吧。我個人很喜歡**可可火山口植物園（Koko Crater Botanical Garden）**，夏威夷原生植物和仙人掌處處生得狂野，只應天上有的景緻將徹底吸引你的目光。

除了這個地方，還有以巨大蕨類植物迎接你到來的**馬諾阿溪谷（Manoa Valley）**、也有Koko Head Crater Trail這種斯巴達路線、以及可以俯瞰整個Lanikai Beach的**Kaiwa Ridge Trail**。每一處終點等著你的，都是足以令人瞬間忘記疲勞的動人美景。

Koko Crater Botanical Garden
可可火山口植物園

從威基基開車
約30分

魄力十足的可可火山口與各種植物爭奇鬥艷

可可火山口內的植物園，如今也是當地人休閒的去處之一。園內有3km長的步道，大約1小時半就能繞完一圈。最佳賞花季大概是5月〜7月。

MAP P.178 F-5　🏠 7491 Kokonani St.　⏰ 日出〜日落　🔒 聖誕節、元旦　$ 免費　📍 從Sandy Beach前的紅綠燈開過去約5分鐘

★ ★ ★ 務必做好防曬措施。由於植物園附近沒有商店，所以要準備好充足的水分補給飲品。

@KOKO CRATER BOTANICAL GARDEN

可以欣賞到許多不同品種的
雞蛋花和九重葛。這也是可
可火山口植物園值得一逛的
理由。

@MANOA VALLEY

Manoa Valley

馬諾阿溪谷

從威基基開車約20分

MAP P.181 C-1　3860 Manoa Rd.
自Ala Moana Center搭乘The Bus 5號公車約20分鐘，並於Manoa Valley（終點站）下車，步行約10分鐘

走進熱帶叢林，抵達馬諾阿瀑布

威基基北部，夏威夷大學所在的馬諾阿（Manoa）地區以氣候多雨，常常看得見彩虹而出名。住宅區的後頭就有一大片熱帶叢林。如果到馬諾阿叢林，一定要走一走單趟約1.5km長的小徑。漫步於榕樹織成的隧道或欣欣向榮的巨大蕨類、藤蔓緊纏的巨樹之間，處處都能看見珍貴的南國鮮花。穿過這片曾出現在電影場景中的叢林，出現在終點處的是高低差約60m的馬諾阿瀑布！瀑布周圍的空氣十分沁涼，盡情沐浴在水花與負離子之中，相信你一定能感受到夏威夷澄淨的能量。

離威基基車程20分鐘的地方竟然有這等植物群，著實令人驚訝。走完森林小徑大約需要2小時，如果剛下雨，土地可能會變得比較溼軟，所以建議穿著登山鞋。

★★★ Koko Head Crater Trail的枕木天梯臺階數超過1000！如果碰上雨後地板溼滑的情況，還是擇日再來比較安全。

Kaiwa Ridge Trail
カイヴァリッジ・トレイル

從威基基開車
約40分

眺望天堂之海，令人感動的美景！

這條深受當地人歡迎的步道，可以遠眺
Lanikai美麗的沙灘與雙子島嶼，以及
閒適的住宅區。步道的入口位於住宅區
後面，不太好辨別，而且途中也有一些
比較難通過的部分，不過爬了5分鐘後
眼前視野會突然開闊起來，美景映入眼
簾。爬完山後，也到Lanikai Beach和
街上好好享受一下吧。

(MAP) P.178 E-4
⚲ 登山口位於Mid Pacific Country Club的後
面，從Kailua Beach停車場步行約15分鐘

Koko Head Trail
ココヘッド・トレイル

從威基基開車
約30分

一直線向天走去！高難度步道

Koko Head Crater Trail是Hawaii
Kai社區的象徵。天梯本身是礦車的舊
路線，從山腳下一直線鋪到山頂，堪稱
斯巴達式的路線。要說這是樓梯也勉強
算是個樓梯，不過有些地方已有缺漏，
刺激度滿分。爬上山頂後，你就能360
度環視四周！最棒的獎勵就在山頂等著
你。

(MAP) P.178 F-5
⌂ 423 Kaumakani St.
⚲ 從Koko Head District Park出發後馬上就能
走到

Best time :

09:00

穿上泳裝，即刻出發！

前 往 值 得 專 程 探 訪 的
世外絕美海灘

當地的孩童也會勇敢挑戰高
大的海浪！也有不少當地人
會到海灘公園野餐喔。

今天要去哪？
東跑西跑找海灘！

在東西南北都有極美海灘的歐胡島上，更應該依特色來挑選要去的海灘。

如果喜歡知名度高一點的，可以前往全球衝浪手心目中的聖地——北海岸（North Shore）。冬天時，有機會於Ehukai Beach Park碰上20英呎高巨浪，相信眾多衝浪客的身影一定讓你看得目不轉睛。

如果主要目的是兜風，只想順便繞經海灘的話，Sandy Beach這些美麗海灘連綿的東海岸也是難以割捨的選擇。其中Bellows Field Beach Park位於美軍基地內部，所以治安也比其它附近的海灘好，再加上人也不多，是我個人非常喜歡的景點。

Makapu Beach和Halona Beach Cove比較多岩石地帶，可能不太適合帶小孩子去，不過那種被岩石包圍的秘境感也很有魅力呢。

從海岸的美麗程度以及治安好壞來說，我們也建議如果要跑「比較遠的海灘」，還是一大清早就出門最好，並且趁天色還沒暗下來前就回飯店吧。

@Sandy Beach

從威基基出發
約30分

Sandy Beach
サンディ・ビーチ

深受趴板衝浪玩家喜愛的海灘

依著可可火山、傍著東海的美麗海灘。由於浪高較高，並不適合游泳，不過也因為來自世界各地的趴板衝浪玩家趣之若鶩而出名。夏天特別多巨浪，或許有機會親眼見識到各種酷炫的技巧呢。

MAP P.178 F-5
📍72號Kalanianaole Hwy.邊。可搭乘The Bus 22號公車抵達
有淋浴區／有廁所／有停車場

@*Bellows Field Beach Park*

柯勞山脈（Koolau Range）近在眼前，這正是東海岸特有的壯闊景象！人不多、沙灘大，帶孩子來也不用擔心。

Bellows Field Beach Park
ベローズ・フィールド・ビーチ・パーク

僅有假日開放的秘密海灘

平淺的海灘、清澈的海水、加上潔白的沙灘，簡直美到不
能再美。這片海灘位於貝羅斯空軍基地（Bellows Air
Force Station（AFS））內，只有週末才對外開放。由
於位於空軍基地內，安全有保障，而且悠閒的氣氛也很吸
引人。一旁雖有獲選為全美最漂亮海灘的Waimanalo
Beach，不過還是這邊的治安比較好，讓人更放心。

(MAP) P.178 F-4 ⊙ 週五12:00～週日20:00 ♀ 經72號Kalanianaole
Hwy.，看見AFS的招牌後開進通往海邊的道路
有淋浴區／有廁所／有停車場

Ehukai Beach Park
エフカイ・ビーチ・パーク

世界大賽舉行的衝浪聖地

頂級衝浪大賽Triple Crown最後一場比賽的地點。這裡
的Banzai Pipeline是知名衝浪地點，也是全世界衝浪手
的夢想。冬季會起大浪，可以觀賞到魄力十足的衝浪技
巧。夏季則風平浪靜，靜得彷彿冬天的驚滔駭浪全是夢一
場。

(MAP) P.179 C-1 ♀ 83號Kamehameha Hwy.邊。經H1、H2進入99
號Kamehameha Hwy.再開往83號
有淋浴區／有廁所／有停車場

★★★ 若搭乘The Bus前往Halona Beach Cove，在Sandy Beach公車站下車後還要走一段高速公路，稍嫌危險。還是建議各位自駕前往。

@Halona Beach Cove

@Ehukai Beach Park

@Makapuu Beach

@Ehukai Beach Park

若要到Halona Beach Cove，途中需要走下一段陡峭的階梯，所以有帶小孩的旅客還是避開為上。而冬天的北海岸即便是不會游泳的人也值得一去。

Halona Beach Cove

ハロナ・ビーチ・コーブ

約30分

陡峭山崖底下的秘密海灘

電影《神鬼奇航》的拍攝場景之一，位於哈羅娜吹穴展望台（Halona Blowhole Lookout）下方的海灘，可以直接從高速公路爬下陡峭的斜坡後抵達。由粗糙的岩石與山崖圍起的小小海灣，卻是白沙滿滿，而且還有一些洞窟，神秘感十足。

MAP P.178 F-5
📍 72號Kalanianaole Hwy.邊
無淋浴區／無廁所／無停車場

Makapuu Beach

マカプウ・ビーチ

約30分

馬卡普角山腳下，當地人最愛海灘

趴板衝浪玩家齊聚的岩石海灘。冬季較多大浪，不適合游泳，不過乘載著兔子島的蔚藍海水和黑色的岩石形成對比，營造出此處特有的景象。夏威夷海洋生物公園（Sea Life Park Hawaii）也近在眼前，可以考慮順道去看看。

MAP P.178 F-5　📍 72號Kalanianaole Hwy.邊。可搭乘The Bus 22、23號公車
有淋浴區／有廁所／有停車場

Best time :

10:00

Ala Moana Center
阿拉莫阿那中心 ◇ P.50

第一天的速戰速決2H路線。

到達當天直接前往AMC採買必需品

只要依照這邊規劃的路線，就能在阿拉莫阿那中心（Ala Moana Center）購齊夏威夷所需的食衣住必備品。

▸▸▸ **10:00**

空著肚子要怎麼買東西？

首站先進咖啡廳吃早餐！

Cafe Lani Hawaii
カフェ・ラニ・ハワイ

瀰漫著出爐麵包香味的All Day咖啡廳

天花板挑高的店內令人感覺十分舒適。店內全天供應的麵包可以讓你吃到飽，而且所有前菜的餐點都附有這些麵包，不少人對這項服務讚不絕口。而珍貴的Ka'u咖啡也只要$4就能品嘗到。

☎ 808-955-5599　🏠 2樓
⊙ 7:30～22:00（週六、日7:00～）
🔒 全年無休

▸▸▸ **10:45**

公寓式旅館房客的好夥伴。

知名超市也
發揮當地特色。
食物到手！

Foodland Farms
フードランド・ファームズ

好用好買度破表的天然超市

如果你住在公寓（condo）式飯店的話，抵達當地的首要之務就是採買東西。這間天然超市不僅堅持商品使用夏威夷產原物料，還結合了餐廳機能，創造全新的購物型態，好用好買度破表。而且5點就開始營業囉！

☎ 808-949-5044　🏠 1樓
⊙ 5:00～22:00　🔒 全年無休

（上）豪邁的原味歐姆蛋。$10～（附餐麵包免費吃到飽）
（右）品質好到令人不敢相信這些竟然是吃到飽的麵包，種類也很豐富。

一早就能看見架上擺滿了新鮮的Poke（生魚）便當。店內還有內用區喔。

★ ★ ★ 不妨辦一張Longs Drugs的會員卡吧。持會員卡可享有購物折扣。威基基的Longs Drugs（**MAP** P.187 A-3）為24小時營業，超方便！

▸▸▸ **11:15** 便利商店？屈臣氏？不，是Longs Drugs。

長期旅居的話，就要充分利用 Longs Drugs！

☑ OUTDOOR

健行時會用到的斗篷雨衣$1.49（右）、BBQ時必備的蚊香$2.19（左）。

☑ FOR KIDS

方便的溼紙巾$0.99（右）、孩童用防曬乳$8.49（左）。

Longs Drugs
ロングス・ドラッグス

除了生物之外什麼都有！

這間藥妝店對當地人來說等同於我們的「屈臣氏」，商品從藥品到日常用品應有盡有，甚至連伴手禮也找得到，碰上什麼困擾時這間店可是最好的幫手。自有品牌「CVS」的價格也很實惠，可以善加利用。

☎ 808-949-4010　🏠 2樓
🕐 6:00～23:00　🔓 全年無休

☑ BEACH

日光浴後使用的潔膚凝膠$4.99（右）、最具代表性的當地採購品，游泳圈$2.49（左）。

☑ DAILY

有夏威夷男女孩圖樣的夾鏈袋$2.99（上）、牙線$2.29（下）、隨身去斑軟膏$3.99（左）。

☑ MEDICINE

Longs Drugs自有品牌「CVS」的止痛藥（右）、頭痛藥$4.99（左）。

▸▸▸ **11:40** 有便宜的泳裝，還有陽光的南國服裝。

在 OLD NAVY 一次買齊

☑ BEACH STYLE

泳裝（上下一套）$20.94、霓虹色涼鞋$12.94。

☑ TOWN STYLE

T恤品牌齊全度第一名！$12.94、短褲$22.94。

OLD NAVY
オールド・ネイビー

別錯過經常舉辦的促銷活動！

這裡的沙灘涼鞋和泳裝，價格對某些平常不太到海邊玩的人來說也不會太貴，十分吸引人。而且幼童服飾的品項也很豐富，可以在抵達的當天一次購齊。

☎ 808-951-9938　🏠 1樓
🕐 9:00～21:00
（週日10:00～19:00）
🔓 全年無休

☑ FOR KIDS

（右起）小孩子的沙灘涼鞋也特別便宜$3.94、孩童內褲6入$9.99、孩童泳裝$16.94。

Best time :

10:00

要融入夏威夷，先從外在下手。

換上整套
當地服飾

抵達夏威夷後，馬上靠雙腳去探尋當地的服飾。穿搭時稍微加入一點「當地購買的服飾」，就能夠大大提升興致。

IN THE
Morning (05:00-11:00)

（上排、右起）SEA BREEZE的耳環$78、天然珊瑚製成的項鍊$155、Rue Belle的耳環$175、Sunrise Shell貝殼項鍊$210、束腰外衣$74、SPELL的連身褲$248、流蘇手環$14、BEACH字樣項鍊$157、礦石耳環$17（下排、右起）Frank&Eileen的襯衫$160、牛仔短褲$113、鳳梨花紋長裙$65、MIKOH的洋裝$304、T恤$50、短褲$39。

★ ★ ★ 歐胡島上只有PinkSand可以買到Rue Belle等當地品牌的飾品！

036

BEACH

⒟ Diamond Head Beach House
ダイヤモンド・ヘッド・ビーチ・ハウス

鄉村風的外觀是特色

此店是人氣選貨店「Rebecca Beach」的姊妹店。店內陳設著許多海灘用品，每一件商品都設計高雅，讓人看了就好想到海邊玩。其他雜貨如原創圖案馬克杯、還有鮮豔色彩的小東西也都很優質。

→P.96

⒞ Bliss Closet Hawaii
ブリス・クローゼット・ハワイ

海灘風情十足的商店

這間店的概念是「海邊小屋裡的衣櫃」。精選的海洋風室內裝潢用品也個個令人欲罷不能。

(MAP) P.187 A-3
☎ 808-926-8882
🏠 339 Saratoga Rd.
🕘 9:00～21:00
🔒 全年無休　📍 Saratoga Rd.邊

⒝ PinkSand
ピンクサンド

當地飾品種類最多樣

以貝殼和花卉為主題的在地裝飾品品牌，洋裝多為洛杉磯＆澳洲的品牌。成熟的飾品徹底打動了我的心。

(MAP) P.187 B-3
☎ 808-922-4888
🏠 Royal Hawaiian Center B館1樓
🕘 9:30～22:00
🔒 全年無休

⒜ Mahina
マヒナ

喜歡什麼，即買即穿

總店位於茂宜島（Maui）的當地品牌。不必花上大筆金錢就能買到穿起來超舒服的衣服。店內品項更替速度很快，所以看到喜歡的就趕快買下來。

(MAP) P.187 B-3
☎ 808-924-5500
🏠 Waikiki Beach Walk 1樓
🕘 9:30～22:00
　（週五、六～22:30）　🔒 全年無休

水果鋪得滿～滿滿♪

1.「**Café Kaila**」的
滿福水果鬆餅

老闆Kaila希望讓大家在任何時段都能吃到早餐的餐點，所以才開了這間店。既沒使用油也沒使用奶油（！）的健康鬆餅$9.25，可以添加各種水果，每加一種水果加價$2.50～！

軟綿綿軟綿綿

3.「**Cream Pot**」的
舒芙蕾鬆餅 with 草莓

整間店充滿童話世界色彩，全都是由老闆夫婦共同打造。這間店的特色是鬆餅入口即化，雖然製作需要一點時間，但等待絕對值得。
$16.30

4.「**Cinamon's at the ILIKAI**」的
芭樂戚風鬆餅

現在威基基也可以嘗到凱盧阿名店的味道了。一面眺望著遊艇港的風景，一面享受酸酸甜甜的芭樂醬鬆餅。$10.25

.Café Kaila
カフェ・カイラ
(MAP) P.184 D-1
☎ 808-732-3330
🏠 2919 Kapiolani Blvd.
⌚ 7:00～18:00
（週六、日～15:30）
🔒 全年無休　📍 從威基基
開車約10分鐘〔Kapahulu〕

2.Boot's & Kimo's
ブーツ＆キモズ
(MAP) P.178 E-2
☎ 808-263-7929
🏠 151 Hekili St.
⌚ 7:30～14:00
（週六、日7:00～）
🔒 週二
📍 從威基基開車
前往約30分鐘〔Kailua〕

3.Cream Pot
クリーム・ポット
(MAP) P.185 B-3
☎ 808-429-0945
🏠 444 Niu St.
⌚ 6:30～14:30　🔒 週二
📍 Hawaiian Monarch Hotel
1樓

4.Cinnamon's at the ILIKAI
シナモンズ・アット・ジ・イリカイ
(MAP) P.185 B-5
☎ 808-670-1915
🏠 1777 Ala Moana Blvd.
⌚ 7:00～21:00
🔒 全年無休
📍 Ilikai Hotel & Luxury Suites
2樓

5.The Nook Neighborhood Bistro
ザ・ヌゥク
ネイバーフッド・ビストロ
→P.132

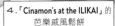

MY BEST

Pancake

夏威夷最具代表性的早餐！有些鬆餅單吃就很好吃，而有些鬆餅則加了多到不像話的南國水果，這些全都是我鍾愛的鬆餅。

5.「**The Nook Neighborhood Bistro**」的
鬆餅

這裡是當地人十分喜愛的餐廳，可以輕鬆享用當地食材製作的料理。這間店的鬆餅品項會隨著季節而改變，每一種都只有這裡才吃的到喔。

2.「**Boot's & Kimo's**」的
夏威夷豆醬鬆餅

濃郁的醬甜得很紮實，十分美味。店內還有供應使用同樣堅果醬的格子鬆餅，另外也很推薦麵團中加了藍莓（+$1）的版本。$12.55

眺望著海洋和中庭的
榕樹，吃一頓優雅的
早餐。Lilikoi（百香
果）製成的濃稠果醬
再搭配芒果，完全
是一道熱帶風的鬆
餅。只限單點，$19

OH! MANGO!

6.「The Veranda」的
Moana鬆餅 芒果的魅力

9.「Koa Pancake House」的
鮮奶油草莓鬆餅

10.「In-Yo」的
三層鬆餅

飯店製的鬆餅$20帶有一點點鹹
味，直接吃就很好吃！自助早餐雖
然也很有名，不過也可以試著享用
單點類的餐點。

This is
在地好味道！

價格和店內氣氛都充
滿在地感的老店。
我個人偏好Kaimuki
社區店的整體氛圍。
$7.25～（小份）

有點像可麗餅的鬆餅口感Q軟！

8.「Plumeria Beach House」的
超薄鬆餅

曾於Halekulani飯
店工作過的主廚，
遵循祖母傳下來的食
譜製作而成。帶有
Lilikoi酸味的奶油口
感清爽，感覺怎麼都
吃不膩。$8.95～

楓糖奶油醬的味道真是…好吃到上天堂

在能眺望海洋的陽台座位
區，享用微微烘烤後淋上馥
郁楓糖奶油醬的鬆餅。自助
餐點區也吃得到！$16（單
點）

7.「Moke's Bread & Breakfast」的
Lilikoi鬆餅

6. The Veranda
ザ・ベランダ
→P.19

7. Moke's Bread & Breakfast
モケズ・ブレッド
& ブレックファスト
MAP P.178 E-1
☎ 808-261-5565
🏠 27 Hoolai St.
⏱ 6:30～14:00
（午餐時段11:00～）
🚫 週二 📍從威基基開車
前往約30分鐘〔Kailua〕

8. Plumeria Beach House
プルメリア・ビーチ・ハウス
MAP P.180 F-3
☎ 808-739-8760
🏠 The Kahala Hotel &
Resort 1樓
⏱ 6:30～14:00（自助早
餐時段～11:00・週六・日～
12:00）・17:30～22:00
🚫 週二、三的晚餐

9. Koa Pancake House
コア・パンケーキ・ハウス
MAP P.181 B-1
☎ 808-739-7778
🏠 1139 12th Ave.
⏱ 6:30～14:00
🚫 全年無休
📍從威基基開車前往約15分鐘
〔Waialae〕

10. In-Yo
陰陽咖啡廳
MAP P.187 A-4
☎ 808-683-7456
🏠 Trump International
Hotel Waikiki 6樓
⏱ 6:30～10:30
🚫 全年無休

蜂蜜和蕎麥都是有機食品

旅程中非吃上一次不可的經典美食！滿滿的有機穀麥和夏威夷蜂蜜，加上堆到滿出來的水果。6點開始營業後就能點了。$9.75〜

1. 「Banan」的 Amazon

使用地方農民栽種的香蕉來製作健康甜點的人氣餐車。只用上Acai（巴西莓）和香蕉的巴西莓果碗可以品嘗到巴西莓本身的風味。一船$10

健康的巴西莓on木瓜BOAT

2. 「Island Vintage Coffee」的 巴西莓果碗

. Nalu Health Bar & Café
ナル・ヘルス・バー＆カフェ
[MAP] P.178 E-2
☎ 808-263-6258
⌂ 131 Hekili St. #109
🕘 9:00〜18:00
🔒 全年無休 ● Hekili St.上

1. Banan
バナン
[MAP] P.180 E-4
☎ 808-392-8862
⌂ 3212 Monsarrat Ave.
🕘 9:00〜18:00
🔒 全年無休
● 從威基基開車前往約7分鐘〔Monsarrat〕

4. The Beet Box Cafe
ザ・ビート・ボックス・カフェ
→P.152

2. Island Vintage Coffee
アイランド・ヴィンテージ・コーヒー
→P.65

5. Bogart's Cafe
ボガーツ・カフェ
[MAP] P.180 E-4
☎ 808-739-0999
⌂ 3045 Monsarrat Ave.
🕘 7:00〜17:00
🔒 全年無休
● 從威基基開車前往約7分鐘〔Monsarrat〕

My Best

Bowl

不僅有Acai Bowl（巴西莓果碗），還有Pitaya（火龍果）、可可等許多各種特色水果碗正颳起一股旋風。

可可碎粒的香氣超Good

從各式早餐到炒飯等正餐應有盡有的超人氣咖啡廳。建議和朋友一起享用撒上穀麥和水果顆粒的巴西莓果碗。$11

3. 「Nalu Health Bar & Café」的木瓜水果碗

跟地方農民批來有機水果，製作出巴西莓果碗等多采多姿的健康甜點。店內牆上的彩繪也衝擊力十足！$5.95。也有超大碗的Nalu Bowl（24oz）$11.50。

4. 「The Beet Box Cafe」的 可可水果碗

哈雷伊瓦的素食人口很多，而這間店正符合這樣的哈雷伊瓦風格。他們使用生可可以豆漿，並撒上大麻籽，不僅有巴西莓的味道，還能嘗到可可碎粒在嘴中漫開的風味。
$9

5. 「Bogart's Cafe」的 巴西莓果碗

Egg Benedict

淋了滿滿濃～稠♥荷蘭醬的高卡路里早餐。下面還放了肉和羽衣甘藍、海鮮等種類豐富的食物！

4.「THE GROVE Restaurant & Bar」的鹽醃牛肉薯餅

開在2樓泳池旁的餐廳兼酒吧，氣氛沒話說。在擺設南國風情植物的時尚店內，享用特殊食材製成的班尼迪克蛋。$18

3.「In-Yo」的活力早餐班尼迪克蛋

班尼迪克蛋放在菠菜和番茄上，旁邊還有培根以及馬鈴薯，是一盤名符其實的活力早餐。$25

5.「Hau Tree Lanai」的經典班尼迪克蛋

坐在眼前就是Sans Souci Beach的絕佳位置，沐浴在穿透枝葉灑落的陽光下，享用淋得濃郁荷蘭醬的經典班尼迪克蛋。早餐時段必須預約。$20

2.「Kaimana Farm Cafe」的班尼迪克蛋（豬五花）

煮至入味的豬肉是許多人喜好的口味，似乎顛覆了以往班尼迪克蛋的概念。蔬菜幾乎都是夏威夷產的有機蔬菜，另外也有Ahi（鮪魚）和鮭魚的班尼迪克蛋喔。$12.90

1.「Bogart's Cafe」的鹽漬牛肉班尼迪克蛋

在同一棟建築物內換了店址的人氣早餐咖啡廳。好想來這裡點一份正港的美式班尼迪克蛋配上夏威夷經典的巴西莓果碗，和朋友一起分享。$16

5. Hau Tree Lanai
ハウ・ツリー・ラナイ
(MAP) P.180 E-5
☎ 808-921-7066
🏠 2863 Kalakaua Ave.
🕐 7:00～10:45、11:45～14:00（週日12:00～）、17:30～21:00　🔓 全年無休
📍 New Otani Kaimana Beach Hotel 1樓

4. THE GROVE Restaurant & Bar
ザ・グローブ レストラン & バー
(MAP) P.185 B-5
☎808-943-5800
🏠 1775 Ala Moana Blvd.
🕐 7:00～22:00
🔓 全年無休　📍 The Modern Honolulu內

1. Bogart's Cafe
ボガーツ・カフェ
→P.40

2. Kaimana Farm Cafe
カイマナ・ファーム・カフェ
→P.63

3. In-Yo
陰陽咖啡廳　→P.39

2.「Koko Head Cafe」的
玉米片法式吐司

來自NY的主廚所發明的獨門料理
大獲好評。其中撒上玉米片的法式
吐司更是吸引了大量粉絲。鹹甜交
融的好滋味，令人回味再三。$14

酥脆！
甜！
鹹！

1.「Sweet E's Café」的
藍莓＆爆漿奶油乳酪法式吐司

一早就有許多當地客人光顧的咖啡
廳。招牌早餐菜色豐富，其中最推
薦包著奶油乳酪的爆漿法式吐司。
$10.95＋水果$2.95

Eat Local !

3.「HEAVENLY Island Lifestyle」
的夏威夷法式吐司

秉持著「Eat Local」、「盡可能
使用有機原料」等理念的複合式咖
啡廳。夏威夷產蜂蜜口味的法式吐
司使用了當地製作的甜麵包。$15

3. HEAVENLY Island Lifestyle
ヘブンリー・アイランド・ライフスタイル
MAP P.187 B-2
☎ 808-923-1100
⌂ 342 Seaside Ave.
◷ 7:00～凌晨0:00
（最後點單23:00）
🔒 全年無休
◉ Shoreline Hotel Waikiki 1樓

4. Liliha Bakery
リリハ・ベーカリー
MAP P.181 B-3
☎ 808-531-1651
⌂ 515 N. Kuakini St.
◷ 週二6:00～週日20:00、
24小時
🔒 週一 ◉ 從威基基開車前往
約20分鐘〔Liliha〕

5. I HOP
アイホップ
→P.18

1. Sweet E's Café
スイート・イーズ・カフェ
MAP P.184 E-1
☎ 808-737-7771
⌂ 1006 Kapahulu Ave.
◷ 7:00～14:00
🔒 全年無休 ◉ 從威基基開車
前往約10分鐘〔Kaimuki〕

2. Koko Head Cafe
ココ・ヘッド・カフェ
MAP P.181 B-1
☎ 808-732-8920
⌂ 1145 12th Ave.
◷ 7:00～14:30
🔒 全年無休 ◉ 從威基基開車
前往15分鐘〔Waialae〕

MY BEST
French Toast

盡情享受完鬆餅後，讓我們把注意力轉過來。水果滿滿的
風格雖然不錯，不過我們也很推薦傳統的Old Style喔。

全美皆有分店的家庭餐廳，而且24小時全年
無休，在夏威夷實屬難得。這裡充滿了各種美
式早餐，特別是這道法式吐司，甜得超乎尋
常！$15.99

用布里歐許
製成

5.「I HOP」的
布里歐許法式吐司

4.「Liliha Bakery」的
法式吐司

點了甜麵包
來吃吃看

有一群身穿綠色圍裙的
大姊歡迎您上門，親切
到了極點的一間店。雖
然也有2號分店，不過
我比較喜歡1號店的感
覺。麵包有葡萄乾、肉
桂等不同口味可選擇。
$8.29

簡單的Old Style是我的LOVE!!

行程緊湊時，就在威基基買點快速、便宜、好吃三項條件合一的速食吧。

越南老闆的獨門秘方

2.「Henry's Place」的
水果&三明治

☆來份色彩繽紛的水果
補充早晨的維他命☆

1.「Beachwalk Cafe」的
越南法國麵包

雖然店內很多吸睛的義式冰淇淋和馬卡龍，不過越南法國麵包可是不容錯過的黑馬。由越南老闆親手製作，味道十分道地。另外也有雞肉丸子。$9.25

Bánh mi

以新鮮水果製成的義式冰淇淋十分有名。不過這裡本來就是一間水果店，他們賣的水果碗不僅比某便利商店還便宜，更大的優點在於新鮮！水果 $5.50、三明治$3～

某論壇上常居討論度榜首的人氣餐廳。雖然白天和晚上總是大排長龍，不過早晨時段去的話就不用排隊。夏威夷特有的餐點Spam午餐肉壽司用了他們自創的醬汁來調出溫和的味道，一早就讓你心暖暖♥。$1.75

3.「Marukame Udon」的
Spam午餐肉壽司

早上就不用排隊了！

晚上大排長龍

飯、海苔、味道、食材都無懈可擊

5.「Musubi Café Iyasume」
的 Spam 午餐肉壽司

海苔是日本有明產，米飯使用越光米、每一項食材都經過精挑細選。也有不少獨樹一格的壽司，每一次上門都能發現新的味道。酪梨培根玉子燒Spam午餐肉壽司$2.98

這根本超越了便利商店的等級!!
↓↓↓

4.「Coco Cove」的
Poke Bowl

位於威基基正中央的便利商店，生熟食的種類豐富度傲視群雄。尤其它們的Poke（生魚）更是好吃得讓人想每天都來一份！$7.99

---

5. Musubi Café Iyasume
むすび カフェ いやすめ

（MAP）P.186 E-2
☎ 808-921-0168
⌂ 2427 Kuhio Ave.
◷ 6:30～21:00
🔒 全年無休　♀ Kuhio Ave. 上・Aqua Pacific Monarch Hotel 1樓

3. Marukame Udon
丸亀製麺

（MAP）P.187 C-2
☎ 808-931-6000
⌂ 2310 Kuhio Ave.
◷ 7:00～22:00
🔒 全年無休　♀ Kuhio Ave. 上

4. Coco Cove
ココ・コーヴ

（MAP）P.187 C-3
☎ 808-924-6677
◷ 6:30～23:30（生魚蓋飯供應時間9:00～20:00）
🔒 全年無休　♀ Kalakaua Ave. 上

1. Beachwalk Cafe
ビーチウォーク・カフェ

（MAP）P.187 B-4
☎ 808-923-1650
⌂ 2170 Kalia Rd.
◷ 7:00～23:00
🔒 全年無休　♀ Kalia Rd.上

2. Henry's Place
高橋果實店

（MAP）P.187 A-3
☎ 808-255-6323
⌂ 234 Beachwalk
◷ 7:00～22:00
🔒 全年無休　♀ Beachwalk上

TIPS + MEMO

夏威夷的早晨，可以在早餐前散個步，看看日出。越是充分利用時間，越能替身心充電。

point!
The Kahala Hotel &
Resort前面海灘觀賞
到的日出。散散步，等
待太陽升起吧。

SUNRISE HOURS

「冬夏日出時間會差到1個小時以上」

全年日出時間最大可能會有1個小時以上的落差，而太陽雖然大約從東側外海處升起，不過每個季節的升起位置都有些微不同，所以如果想看見太陽確切自海平面升起的人，建議可以參加專員導賞，因為專員清楚哪個地點最適合觀賞日出。（附表為2018年9月～2019年8月間每月15日的日出、日落時間）

	日出	日落
1月	7:11	18:10
2月	7:01	18:29
3月	6:39	18:40
4月	6:12	18:50
5月	5:53	19:02
6月	5:49	19:14
7月	5:58	19:16
8月	6:09	19:01
9月	6:18	18:34
10月	6:27	18:06
11月	6:42	17:49
12月	7:01	17:52

Hotel Pool

「佔好夢幻飯店的游泳池邊」

夢寐以求的高級飯店游泳池邊躺椅，是每天早上的兵家必爭之地。因為大家會從離游泳池近的椅子開始挑，所以想在游泳池邊悠悠哉哉的人，早餐前就去佔位子才是上策。

point!
Halekulani飯店（→P.168）的游泳池上午和下午都會發放零嘴。

Sandbar

「夏天的專屬特色。超早起床，會見天國之海」

CAPTAIN BRUCE
天國之海®導覽
☎ 808-922-2343　⏰ 4:25～10:30左右（可能因天候等諸因素調整）　🔒 週日、節日　$ 成人$135、孩童$125
📍 威基基各飯店皆有接送服務

每年7、8月時會開放一套特殊的導覽行程，參加者可以觀賞到潮汐現象造成的沙洲日出。早晨清爽的海風，舒服得彷彿能洗滌身心靈。此外還能看見太陽升起、海洋變化成祖母綠色的模樣。

Recommended Items

「遠行必需的租車常備品」

右邊列出來的東西要記得自己從威基基帶上路。海灘用具是一定要的，而保冷袋在買到食物和飲料時非常好用。

- ▢ 地墊
- ▢ 海灘涼鞋
- ▢ 防曬用品
- ▢ 水
- ▢ 玩水用具
- ▢ 保冷袋

point!
ABC Store售有大量的海灘用具，這些東西出了郊外後就比較買不到了。

WAIKIKI SUNRISE

「稍微睡過頭的威基基日出」

歐胡島南邊的威基基，會看到太陽從鑽石頭山後面升起，所以跟東海岸比起來，日出的時間比較晚。

point!
威基基東邊的Marriott飯店（→P.170）還是有機會看見自東海岸升起的太陽。

Hanauma Bay

「停車位爭奪戰！
趁早拜訪恐龍灣」

劃為海洋保護區的恐龍灣，是歐胡島首屈一指的浮潛地點。停車場的車位很可能上午就會塞滿，所以建議早點出門。

→P.21

FREE ACTIVITY

「明明在威基基卻$0！
不必預約的健康早晨活動」

威基基的免費團體慢跑十分受歡迎。與其惴惴不安地獨自慢跑，不如和當地人一起跑，這麼一來也更開心。活動還準備了飲用水供跑完的跑者補充水分。

SpoNaviHawaii
スポナビハワイ

☎ 808-923-7005　🏠 Waikiki Beach Walk 1樓Subway前集合
⊙ 每週六 7:50～9:20左右　$ 免費
URL www.sponavihawaii.com

Jungle yoga

「在無人知曉的秘境美景健行＆瑜珈」

由Sunset Yoga（→P.119）的負責人Karen帶領大家前往秘境健走與做瑜珈，推薦給已經到夏威夷旅遊多次的人參加。在令人難以想像自己身處歐胡島的自然環境下做瑜珈，一定可以與大自然對話，令身心皆得到放鬆。由於參加者要健行前往秘密地點，所以建議穿著不怕髒的鞋子。詳細資訊與預約請上官網查詢。

point !
建議背雙肩背包，雙手才有辦法騰出來自由活動。也別忘了攜帶水、毛巾、泳裝。

JUNGLE WATERFALL HIKE TOUR
ジャングル・ウォーターフォール・ハイク・ツアー　　©Michael S.Mau

$ $79 詳細資訊與預約請洽 URL sunsetyogahawaii.com/

⚠ CAUTION!

☑ **海灘上的不當行為**

雖然很想在海灘上「乾杯！」不過美國是禁止任何人在戶外公共場合飲酒的。想喝的話就到海邊的酒吧好好享受氣氛吧。

- - - - - - - - - - - - - - - -

☑ **小心車內物品遭竊**

自駕前往郊外海灘時，要小心車內物品遭竊以及扒手等犯罪。所以東西買好後不要把紙袋和其他行李隨便放在車上。放車上的行李越少越好，並且盡量藏進比較隱密的地方。

- - - - - - - - - - - - - - - -

☑ **關於孩童的嚴格州法**

夏威夷州法禁止監護人讓12歲以下的孩童獨處，把小孩留在飯店的房間也不行。

Brunch

「做好排隊的心理準備。
威基基之外的週末早午餐」

一到週末，威基基外的早餐咖啡廳就擠滿了當地人！很多當地人想要以一頓好吃的早午餐，開啟引頸期盼的週末，所以出門時得做好排隊的心理準備。

目標是週末的限定餐點

- Morning Glass Coffee +Café →P.94（右圖）
- Moena Cafe →P.78

The Bus

「快速轉搭The Bus的技巧」

The Bus的魅力在於便宜又方便。免費app「Da Bus」為了讓第一次搭乘的人也能輕鬆上手，提供搜尋最近公車站、公車現在行經哪一站的功能，非常方便。

Deli corner

「便利商店生熟食區的早餐陷阱」

Coco Cove（→P.43）的開店時間明明是6:30，但曾經有人為了買份Poke蓋飯，店一開就上門，結果發現居然還在準備……（Poke蓋飯供應時間為9點～晚上8點）。而ABC Store（→P.18）的熱熟食區則是6點30分開始營業。

WHOSE SEA IS THIS ?

「冬天的北海岸，海到底屬於誰？」

冬天的北海岸是屬於專業衝浪手的。光是看著他們乘浪就是一種享受，有時週末甚至還會因為太多人要來觀賞衝浪手的英姿而導致交通阻塞。盡量提早一點出發吧。

Perfect trip for beginners & repeaters.

What are you gonna do??

Noon

11:00 - 14:00

這個時間,肚子也差不多開始咕嚕咕嚕叫了。午餐時段的選擇比晚餐還豐富,是一整天下來最需要全力以赴的時段。不僅有海景搭配美味的餐點、還有藝術咖啡廳、有機餐點、以及便宜又好吃的牛排!說了這麼多,今天你想吃什麼呢?

店內擠滿當地人的Livestock
Tavern(→P.48),他們的
人氣餐點Tavern Burger。

The Pig & The Lady
ザ・ビッグ・アンド・ザ・レディ

FM發跡的越南餐廳

在農民市集（FM）颳起一陣旋風的餐廳。從前菜到點心都充滿了只有這邊才吃得到的特色餐點。非常推薦大家試一次越式法國麵包沾湯汁的吃法！

(MAP) P.183 A-3 ☎ 808-585-8255
🏠 83 N.King St. ⏰ 10:30～14:00
（週六～15:00）、17:30～22:00
🔒 週一晚餐時段、週日
📍 N King St.上

（右）菜單會隨著季節改變，也可以試試看新的味道！（左下）Pho French Dip越式法國麵包$18。

THE PIG & LADY

Best time :
11:00

大排長龍的店要搶在12點前進去！！
前往美味午餐的集散地
唐人街

新舊餐飲店交雜的城區，可以選在午餐時段前往。不過要在上班族蜂擁而至之前快速撤退！

Livestock Tavern
ライブストック・タバーン

令人聯想到NY的磚造餐酒館

人氣很旺的麵食餐廳，由Lucky Belly的老闆所打造的都會餐酒館！經典的美式料理經過摩登變化，成了一道道令人不禁讚嘆的佳餚。客人很多，所以要一開店就上門。

(MAP) P.183 A-3 ☎ 808-537-2577
🏠 49 N.HotelSt.
⏰ 11:00～14:00、17:00～22:00
🔒 週日、週六僅晚上營業
📍 N Hotel St.上

（上）所有料理都能看見創新的食材搭配。店內菜單會隨著季節改變，所以每一次去都能有新享受
（左）店內還有供應酒水的吧檯。

★ ★ ★ The Pig & The Lady還有一些農民市集才吃得到的餐點，所以也別忘了嘗嘗。

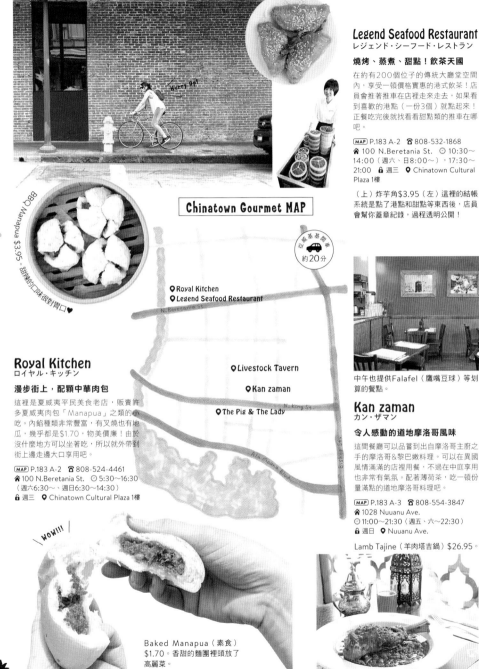

Legend Seafood Restaurant
レジェンド・シーフード・レストラン

燒烤、蒸煮、甜點！飲茶天國

在約有200個位子的傳統大廳堂空間內，享受一頓價格實惠的港式飲茶！店員會推著推車在店裡走來走去，如果看到喜歡的港點（一份3個）就點起來！正餐吃完後就看看甜點類的推車在哪吧。

MAP P.183 A-2　☎ 808-532-1868
🏠 100 N.Beretania St.　◷ 10:30〜14:00（週六、日8:00〜），17:30〜21:00　🔒 週三　♀ Chinatown Cultural Plaza 1樓

（上）炸芋角$3.95（左）這裡的結帳系統是點了港點和甜點等東西後，店員會幫你蓋章紀錄，過程透明公開。

Chinatown Gourmet MAP

従威基基開車
約 **20**分

♀ Royal Kitchen
♀ Legend Seafood Restaurant

N. Beretania St.

♀ Livestock Tavern

♀ Kan zaman

♀ The Pig & The Lady

N. King St.

Ala Moana Blvd.

N. Pauahi St.

中午也提供Falafel（鷹嘴豆球）等划算的餐點。

Kan zaman
カン・ザマン

令人感動的道地摩洛哥風味

這間餐廳可以品嚐到出自摩洛哥主廚之手的摩洛哥&黎巴嫩料理。可以在異國風情滿滿的店裡用餐，不過在中庭享用也非常有氣氛。配著薄荷茶，吃一頓份量滿點的道地摩洛哥料理吧。

MAP P.183 A-3　☎ 808-554-3847
🏠 1028 Nuuanu Ave.
◷ 11:00〜21:30（週五、六〜22:30）
🔒 週日　♀ Nuuanu Ave.

Lamb Tajine（羊肉塔吉鍋）$26.95。

BBQ Manapua $3.95。甜辣的口味很對胃口♥

Royal Kitchen
ロイヤル・キッチン

漫步街上，配顆中華肉包

這裡是夏威夷平民美食老店，販賣許多夏威夷肉包「Manapua」之類的小吃。內餡種類非常豐富，有叉燒也有地瓜，幾乎都是$1.70，物美價廉。由於沒什麼地方可以坐著吃，所以就外帶到街上邊走邊大口享用吧。

MAP P.183 A-2　☎ 808-524-4461
🏠 100 N.Beretania St.　◷ 5:30〜16:30
（週六6:30〜、週日6:30〜14:30）
🔒 週三　♀ Chinatown Cultural Plaza 1樓

Hurry Up!

WOW!!!

Baked Manapua（素食）$1.70。香甜的麵團裡頭放了高麗菜。

Ala Moana Center
アラモアナセンター

MAP P.182 F-4　☎ 808-955-9517
🏠 1450 Ala Moana Blvd.
🕐 9:30～21:00（週日10:00～19:00）
🔓 全年無休
📍 於Waikiki Trolley Pink Line站下車

Best time :
11:00-14:00
精挑細選、去蕪存菁！
阿拉莫阿那中心
的超私房3H
最佳行程！

在３５０間商店中鎖定「絕無僅有」的商品

阿拉莫阿那中心（Ala Moana Center）增設了Ewa Wing區之後，規模更上一層樓。為了避免大家漫無目的地逛到累癱，我們決定設立一個主旨：「尋找只有這裡才買得到的東西」，並模擬一下3小時的行程。

首先要去的地方是NORD-STROM和Bloomingdale's！這兩項雖然是來自美國本土的專櫃品牌，但秉持「支持在地設計師」的信念，販賣不少在地品牌商品，品質也都很優良，而且充滿了許多只有這裡才買得到的商品。

之後再來搜尋可以買到夏威夷限定商品的品牌、以及尚未進軍日本市場的商家。如果是威基基買得到的東西，建議可以回飯店後再至威基基購買。

★★★ NORDSTROM有免費提供「個人穿搭諮詢」的服務，可以透過專業的眼光，來找到適合自己的穿搭風格。

NORDSTROM

NORDSTROM
ノードストローム

打著「支持在地」的招牌再出發

重新於Ewa Wing展店，少了過去的沉悶，如今改以大片窗戶採光，整間店充滿了以前沒有的自然光。而且還出現了以前沒有的部門，包含可以試用各項化妝品的「Play Bar」以及各式室內裝潢用品區等。

☎ 808-953-6100
🏠 Ala Moana Center 2～4樓
🕘 9:30～21:00（週日11:00～19:00）
🔒 全年無休

\ 支持一下
當地藝術家 /

NORDSTROM員工的自創品牌。mehawaii的化妝包一個$44、MICHAL ABRA MOVITZ的帽子$35。

\ 鎖定NORD限定品 /

在地品牌sakutori的上衣$69、NORDSTROM的自有品牌裙子$68。

\ 鞋子是一定要買的！/

2雙都是自有品牌「BP」的純素鞋。（右起）$39.95、$69.95。

> 雀躍不能自已！時下最夯百貨專櫃巡禮

Bloomingdale's

Bloomingdale's
ブルーミングデールズ

夏威夷風情滿載的NY百貨專櫃

NY的高級百貨專櫃進軍夏威夷。價格十分有良心的原創品牌「AQUA」以及在地品牌的商品與展示品，全都可受惠令人怦然心動。如果拿專櫃原創的商品來送禮，收到的人也會很開心吧。

☎ 808-664-7511
🏠 Ala Moana Center 2～4樓
🕘 10:00～21:00（週日～19:00）
🔒 全年無休

\ 怎麼捨得不買
原創禮品 /

咖啡杯＆碟子$6、馬克杯$10、筆記本$15（大）、$10（小）。

\ 全夏威夷只有這裡
才有的品牌！/

維多莉亞．貝克漢的洋裝$1250、melimelo的包包$560、CAMI AND JAX的泳裝，上下一套$120。

\ PB自有品牌的價格
也很實惠 /

ＮＹ設計的自有品牌「AQUA」，上衣$88與短褲$68。

寬敞的店內，視野零阻礙。商品包含MICHAEL KORS等品牌的鞋子。

Saks Fifth Avenue OFF 5TH
サックス・フィフス・アベニュー・オフ・フィフス

挖掘物美價廉的高級品牌實物

總店位於紐約的高級專櫃品牌Outlet。特別要關注擺滿一排排夢幻品牌的鞋子區，每雙鞋都是超優惠價。其他商品如牛仔褲、包包、化妝品也讓人逛得心滿意足。

☎ 808-450-3785
🏠 Ala Moana Center 1樓
🕐 9:30～21:00（週日10:00～19:00）
🔓 全年無休

2個精選品牌！

J Crew on the Island
Jクルー・オン・ザ・アイランド

簡約的成熟休閒風

這個美國品牌販賣許多偏成熟的簡練休閒服，提供樣式簡約、卻不失度假感的各項服飾，正式場合與休閒場合皆適合穿著。

☎ 808-949-5252
🏠 Ala Moana Center 2樓
🕐 9:30～21:00（週日10:00～19:00）
🔓 全年無休

特色是具有多重條紋樣式的洋裝$168、條紋裙$110。

Tori Richard
トリ・リチャード

高質感度假服飾

這間夏威夷老牌的度假服飾，不僅原料上等，穿起來又舒服。現居夏威夷的織品設計師所設計的南國風情圖案十分吸引人。其他像夏威夷襯衫等品項也琳瑯滿目。

☎ 808-949-5858
🏠 Ala Moana Center 2樓
🕐 9:30～21:00（週日10:00～19:00）
🔓 全年無休

每年會推出4～6次全新的商品，熱帶風情十足的度假服飾十分受歡迎。

★★★ Mai Tai Bar營業到凌晨1點，Late Night Happy Hour為20:00～23:00，記得去看看。

Ruscello
ルシェロ

眺望海洋，來份健康的午餐

NORDSTROM內的咖啡廳，陽台座位區可以遠眺Ala Moana Beach。這裡還有販賣「Marketplace Café」遷店前的人氣餐點，所以以前的常客也不必擔心。這裡還可以事先預約指定座位。

☎ 808-953-6110
🏠 NORDSTROM內3樓
🕘 9:30～21:00（週日11:00～19:00）
🔓 全年無休

（上起順時鐘）Ahi Tuna Poke$13.50、茄汁肉醬義大利麵$13.25、薑汁麵包粉炸雞沙拉$13.50。

Kate Spade New York
ケイト・スペード・ニューヨーク

看看這些色彩繽紛的包包與衣服

色彩美麗且實用的商品十分受歡迎。「Madison Ave Collection」是只有在阿拉莫阿那中心店與紐約麥迪遜大道店（Madison Avenue Collection）才買得到的稀有商品。夏威夷限定的錢包和背包也是重點目標。

☎ 808-941-4565　🏠 Ala Moana Center 2樓　🕘 9:30～21:00（週日10:00～19:00）　🔓 全年無休

夏威夷限定圖案的錢包$178、洋裝$398、冰棒糖型零錢包$78。

"OCEAN VIEW!"

不同目的！AMC美食

"HAPPY HOUR!"

要找較沉穩的服飾就來這2間

（前起）Happy Hour菜單上的花枝圈$6、雞尾酒一杯$5、瑞可達起司麵餅$7。

Mai Tai Bar
マイタイ・バー

雞尾酒×PUPU的優惠時段

瞄準16:00～19:00的Happy Hour，啤酒只要$3起，雞尾酒則是$5起，超划算（每天都有）。在海風可以直接吹拂的開放式店內空間，享受現場樂隊演奏，微醺一下。

☎ 808-947-2900
🏠 Hookipa Terrace內
🕘 11:00～凌晨1:00
🔓 全年無休

Ted Baker London
テッドベーカー・ロンドン

充滿女人味的優雅服飾

色彩、設計都深得女人心的倫敦品牌。大膽的印花和線條優美的剪裁是這個品牌服飾最大的魅力。POLO衫等男性服飾的版型也十分出色。

☎ 808-951-8535
🏠 Ala Moana Center 2樓
🕘 9:30～21:00（週日10:00～19:00）
🔓 全年無休

上下兩件一套的衣服$295、花紋高跟鞋$210、漂亮的藍色化妝包$45。

美術館享用美食

美侖美奐的美術館裡飄來令人垂涎三尺的香味……。就讓我們到貪吃鬼也能超滿足的藝術景點，順便吃頓午餐吧。

曾於NY和法國工作過的主廚所端出的料理，有專程一訪的價值。推薦各位在鋪了藍色磁磚的美麗地中海風中庭散散步。

星級餐廳主廚的健康咖啡廳

×

Honolulu Museum of Art

這間綜合美術館非常呼應夏威夷具有多元文化與人種的特色，收藏了來自世界各地的繪畫與傳統的織品等展品。建築物西側展示了高更和莫內等西洋畫、東側則展示亞洲的繪畫，其中也包含了1萬多幅浮世繪作品，規模稱霸全球！藝術鑑賞中途的休息時間，可以前往Honolulu Museum of Art Café，品嘗使用大量夏威夷當地食材製作的輕食。

羊乳起司風味的烤茄子$16、夾了莫札瑞拉起司與義大利帕瑪火腿的三明治。

Honolulu Museum of Art Café
ホノルル・ミュージアム・オブ・アート・カフェ
☎ 808-532-8734　⏱ 11:00～13:45　🚫週一

Honolulu Museum of Art
檀香山美術館
(MAP) P.182 D-2　☎ 808-532-8700
🏠 900 S.Beretania St.
⏱ 10:00～16:00
🔒 週一　$ $20（18歲以下免費）
📍 從威基基開車前往約20分鐘（Makiki）

★★★ Honolulu Museum of Art每月第1個禮拜三、第3個禮拜天免費入場。Honolulu Museum of Art Café和Artizen by MW可以直接進店，不需要另外購買美術館的入場門票。

建於第一代Royal Hawaiian Hotel的舊址。為了不造成上班族的困擾，盡量於12點前抵達咖啡廳。

MW Restaurant所經營的咖啡廳

✕

Hawaii State Art Museum

這棟建於1928年，仿西班牙教會樣式的歷史建築物，在2002年化身為美術館重獲新生。由於入館免費，民眾可以輕鬆享受美術，而值得關注的是1樓的咖啡廳Artizen by MW。由高檔餐廳MW Restaurant規劃，理念為「讓市中心的上班族們也能輕鬆享受到MW的味道」。餐點價格約$10，相較來說比較便宜，不過使用的食材和MW相同，所以味道一點都不馬虎！

便當BOX等午餐的菜色非常豐富。而草莓塔等蛋糕全品項$6。

Artizen by MW
アーティゼン・バイ・エムダブリュ
☎ 808-524-0499 　 ⏰ 7:30～14:30
🔒 週六、日

Hawaii State Art Museum
夏威夷州立美術館
MAP P.183 B-3 　 ☎ 808-586-0900
🏠 250 S.Hotel St.
⏰ 10:00～16:00（每月第1個週五18:00～21:00也有開館）
🔒 週一、日、節日 　 $ 免費
📍 搭乘Waikiki Trolley Red Line於State Capitol下車。從威基基開車前往約20分鐘〔Downtown〕

在全美No.1的海灘
吃一盤素食午餐

白沙灘橫幅足足綿延了3英里的
Waimanalo Beach旁，有一間素
食餐廳'Ai Love Nalo，使用了來
自超過20家農場的蔬菜。一般聽
到素食，大家可能會對味道產生懷
疑，或是飽足感不夠，不過這間店
的料理不管在口感還是口味上都煞
費苦心，所以要滿足平常有在吃肉
的人也不成問題。過去如果對傳統
料理和素食敬謝不敏的人，一定要
吃吃看這間店的素食。Waim-
analo Beach雖然美不勝收，但治
安比較不好也是不爭的事實。所以
吃完午餐就早點回車上，避免車內
物品遭竊。

'Ai Love Nalo
MAP P.178 F-4
🏠 41-1025 Kalanianaole Hwy.
🕐 10:30～17:00
🔒 週二　📍 Kalanianaole Hwy.邊、
Waimanalo Beach附近

Waimanalo Beach
MAP P.178 F-4
📍 Kalanianaole Hwy.邊。
淋浴區／有　廁所／有
停車場／有

從威基基開車
約40分

有鷹嘴豆泥蔬菜球和甜
菜根鷹嘴豆泥的Medi
Bowl $14，將夏威夷
傳統料理變成素食餐點
的Oh! Wow Lau Lau
$11。

Best time :
12:00

史上最棒最強的組合

在 海 灘 上 享 用
Plate Lunch

夏威夷版的便當Plate Lunch，可以趁熱帶到
鄰近的海灘享用。這裡會介紹每個海灘附近有
哪些美食可享用。

'Ai Love Nalo
アイ　ラブ　ナロ
×
Waimanalo Beach
ワイマナロ・ビーチ

★ ★ ★　Ted's Bakery的蒜爆鮮蝦等特定餐點會附贈一塊派。

Kaka'ako Kitchen × Ala Moana Beach Park
カカアコ・キッチン　アラモアナ・ビーチ・パーク

購物的休息時間來場輕鬆的野餐

Kaka'ako Kitchen是一間深受居民愛戴20年以上的老店，也是一間以當地特色料理聞名的餐廳，由3660 On the Rise餐廳規劃經營，餐點大多帶有高雅的風味。買完餐後，到Ward Village前的Ala Moana Beach Park和當地人一同享受野餐的氣氛吧。

Kaka'ako Kitchen
(MAP) P.182 E-5　☎ 808-596-7488　🏠 1200 Ala Moana Blvd.　🕐 10:00～21:00（週日10:00～16:00）　🈺 全年無休　📍 Ward Village 1樓

Ala Moana Beach Park
(MAP) P.182 F-5　📍 搭乘Waikiki Trolley Pink Line或Red Line於Ala Moana Center站下車處旁
淋浴區／有　廁所／有　停車場／有

🚗 從威基基開車 約12分

Ted's Bakery × Sunset Beach
テッズ・ベーカリー　サンセット・ビーチ

沉醉於衝浪手英姿的午餐時光

Ted's Bakery雖然以Haupia（椰子）Pie聞名，但其實也是Plate Lunch的名店。絕對不能錯過香氣四溢的夏威夷BBQ牛小排$12.47與Q彈有勁的蒜爆鮮蝦$15.10！在海灘享用午餐時，可別看衝浪手看得入迷，結果忘記吃飯囉。

Ted's Bakery
(MAP) P.179 C-1　☎ 808-638-8207　🏠 59-024 Kamehameha Hwy.　🕐 7:00～20:00（週五、六～20:30）　🈺 全年無休　📍 Kamehameha Hwy.邊

Sunset Beach
(MAP) P.179 C-1　📍 Kamehameha Hwy.邊
淋浴區／有　廁所／有　停車場／有

🚗 從威基基開車 約65分

輕鬆的午餐，景緻一級棒♡

花不到$15 的
海景午餐

雖然很想享受美景
但也不想害自己阮囊羞澀！

在百分之百屬於觀光區的威基基，無論做什麼都得花不少錢。

如果想要吃頓划算又能提升興致的午餐，那就把海景也算進餐費吧。海灘邊的飯店之中，比較能輕鬆享受用餐時光的餐廳為 Hula Grill Waikiki。

Kalakaua Ave.東邊幾乎看不見靠海的建築物，所以這一帶可是**觀海地點的寶庫**。即便是速食店，相信你也能感受到不同於一般店家的氣氛。

ⓒ Cheese Burger in Paradise
チーズバーガー・イン・パラダイス

可以眺望Waikiki Beach的窗邊座位最棒

自茂宜島Haina崛起的人氣漢堡餐廳。烤至五分熟的安格斯牛肉漢堡排，搭配融化的綜合起司，簡直是人間美味。能眺望海灘的Kalakaua Ave.窗邊座位更有氣氛！

(MAP) P.186 E-3　☎ 808-923-3731
🕐 7:00～23:00（週五、六～凌晨0:00）
🔓 全年無休　� Kalakaua Ave.上

Ⓑ Hula Grill Waikiki
フラ・グリル・ワイキキ

到陽台座位區享用鬆餅

眼前映入一大片威基基海灘，簡直是最佳觀景位置。這裡最有名的是燒烤料理，不過早餐到午餐時段還有供應歐姆蛋以及鬆餅。聽著海浪的聲音，在陽台座位區享用餐點，南國風情滿載！

(MAP) P.187 C-3　☎ 808-923-4852
🏠 Outrigger Waikiki Beach Resort 2樓
🕐 6:30～22:00
🔓 全年無休

Ⓐ Lulu's Waikiki
ルルズ・ワイキキ

吧檯是觀海特等席

面對Kalakaua Ave.，可以正面一覽Waikiki Beach的餐廳。店內總是把大大的窗戶打開，讓舒服的涼風吹進店內。這裡可以嘗到Loco Moco和鬆餅、漢堡等美式餐點。

(MAP) P.186 F-3　☎ 808-926-5222
🏠 2586 Kalakaua Ave.
🕐 7:00～凌晨2:00
🔓 全年無休　� Park Shore Waikiki 2樓

那間連鎖店也因為景色加成格調UP

McDonald's
マクドナルド
(MAP) P.186 E-3

Wolfgang PUCK Express
ウルフギャング・パック・エクスプレス
(MAP) P.186 F-3

Eggs'n Things
Waikiki Beach Eggspress
エッグスン・シングス・ワイキキ・
ビーチ・エッグスプレス店 (MAP) P.186 E-3

Burger King
バーガー・キング
(MAP) P.186 E-3

★★★ Cheese Burger in Paradise的連鎖店中，只有本頁列出的分店有提供夏威夷精釀啤酒。此外也有Happy Hour與早餐的餐點。

$15

1 島嶼鳳梨起司堡 **C** 2 烤豬肉淋上BBQ醬。Angry Hogg **A** 3 加上茂宜島鳳梨的熱帶風鬆餅（完整尺寸），供應時間為平日早餐與週五～週日早餐＆午餐時段 **B** 4 遠望海景，小酌雞尾酒 **C**。

$15

$12

4間健康又好吃的餐廳

像 吃 快 餐 一 樣 大 快 朵 頤
"Farm to Table"

來自地方農家的新鮮蔬菜華麗變身為桌上的菜餚！這裡介紹幾間品質有保證的餐廳，絕對連平常有在吃肉的人都可以滿足。這4間都可以自在地上門享用，非常方便。

當日蔬菜塔
$9

★★★ 凱盧阿和卡卡厄科都有Down to Earth的店面，可以在散步時順道前往，非常方便。

Ⓐ Kaimana Farm Cafe
カイマナ・ファーム・カフェ

和風口味餐點大受歡迎的咖啡廳

店內擺滿了和風食材製成的熟食餐點，使用自農民市集採購來的蔬菜製作而成。菜色豐富，包含日式東坡肉與班尼迪克蛋，每一道都好吃！

MAP P.184 E-2　☎ 808-737-2840
🏠 845 Kapahulu Ave.　⊙ 8:00～14:30
🔒 週二　♥ Safeway對面。從威基基開車前往約10分鐘〔Kapahulu〕

Ⓑ Town
タウン

Kaimuki社區的地標

地產地銷餐廳的先驅。標明食材產地與農莊名稱的菜單會隨著進貨狀況調整。餐點大多調味簡單，以發揮食材原本特色為主。

MAP P.181 A-1　☎ 808-735-5900
🏠 3435 Waialae Ave.
⊙ 11:00～14:30、17:30～21:30
（週六僅有17:30～21:30）🔒 週日
♥ 從威基基開車前往約15分鐘〔Kaimuki〕

Ⓒ Down to Earth
ダウン・トゥ・アース

源自夏威夷的素食者商店

不光是食品，就連日用品也都徹底實踐有機＆天然概念的超市。店內還有使用素肉和地方栽種蔬菜的熟食區，完全超乎一般超市的充實度。

MAP P.185 C-1　☎ 808-947-7678
🏠 2525 S.King St.　⊙ 7:00～22:00
（熟食區～21:00）🔒 全年無休
♥ 從威基基開車前往約10分鐘〔McCully〕

Ⓓ Kaimuki Superette
カイムキ・スプレット

三明治和熟食令人食指大動

知名有機餐廳「Town」的姊妹店。是一間可以輕鬆上門的自助式餐廳。使用大量地栽種蔬菜的三明治和熟食吸引了不少愛好者。

MAP P.181 A-1　☎ 808-734-7800
🏠 3458 Waialae Ave.
⊙ 7:30～14:30　🔒 週日
♥ 從威基基開車前往約15分鐘〔Waialae〕

What's farm to table?

指的是這幾年在夏威夷深根的地產地銷概念。這個概念的影響範圍從農民到餐廳主廚，甚至席捲了所有消費者，促進人們重新審視當地食物的價值。觀光客可以從農民市集、以及地產地銷的咖啡廳窺見一斑。

Kaimana Power便當
$11.90～
7

9

8

11

10

1 **2** 總是坐滿了當地客人。建議事先訂位Ⓑ **3** **11** Town的姊妹店，味道有保障Ⓓ **4** 加點附餐Ⓓ **5** 前菜拼盤Antipasto Sampler $13Ⓓ **6** 夏威夷產蔬菜沙拉Ⓑ **7** 可自行選擇主餐Ⓐ **8** **9** 到咖啡廳坐坐也不錯Ⓐ **10** **12** **13** 難以想像是素食餐點的飽足感Ⓒ **14** 班尼迪克蛋（豬五花）$12.90Ⓐ。

14

13

12

Best time :
12:00

享用比日本好吃一百倍的
Ahi 豪華午餐

海藻沙拉
$3

Poke Bowl（原味）
$10

章魚Poke（1/2磅）
$9

Poke Bowl還有附餐飲料。可以選擇要吃Ahi還是章魚，米飯也可以選擇糙米或白米。也點其他副餐一起享用吧。

Ono Seafood
オノ・シーフード

當地客人絡繹不絕的人氣餐廳

餐點就只有簡單的鮪魚和章魚的Poke，最推薦以自製醬料涼拌的Spicy Ahi Poke。

MAP P.184 E-2 ☎ 808-732-4806
🏠 747 Kapahulu Ave.
🕐 9:00～18:00（週日10:00～15:00）
🔒 週日、一 📍 從威基基開車前往約7分鐘〔Kapahulu〕

**價位平民、味道高級的
夏威夷美食**

有一種美食，讓我能挺起胸膛大力推薦給所有年齡層的人，那就是夏威夷的鮪魚。夏威夷語的**鮪魚念作AHI**，由於夏威夷全年皆可於近海捕獲鮪魚，所以不須經過冷凍就可以直接送進市場。生鮪魚赤身野味十足且濃烈！吃了便會為其在口中漫開的飽滿風味感動。

夏威夷最具代表性的Ahi料理就是**Poke**。是一種搭配Ogo（海藻）加夏威夷海鹽涼拌做成的傳統菜餚，專賣店裡能嘗到各種口味。

其他像是**Furikake Ahi（香鬆鮪魚柳）**和**Seared Ahi（香煎鮪魚）**、**Ahi Roll（鮪魚捲）**等各種食物，總之夏威夷就是滿滿的Ahi。鮪魚本身的味道與華麗感，立刻提升大家午餐時光的格調。

★★★ Ono Seafood的Poke Bowl也可以換成雙拼版（價格不變）。

Island Vintage Coffee
アイランド・ヴィンテージ・コーヒー

威基基正中心的新鮮Ahi

從早到晚都有人在排隊，只為了喝上一杯上等夏威夷Kona咖啡。這間人氣咖啡廳的巴西莓果碗很有名，不過他們的Poke Bowl也好吃到不行！

MAP P.187 B-3　☎ 808-926-5662
🏠 Royal Hawaiian Center C館2樓
🕐 6:00～23:00（用餐6:30～22:00）
🔒 全年無休

Spicy Ahi Poke Bowl
$14.95

辛辣的Ahi搭配韓國海苔超好吃。飯可選擇糙米或是白米。

Nico's PIER 38
ニコズ・ピア38

港內的海鮮餐廳

能以便宜價格品嘗到新鮮海鮮的超人氣餐廳。可以飽覽港口風景的戶外座位區十分舒適，一旁還有魚市可以逛。

MAP P.181 A-4　☎ 808-540-1377
🏠 1129 N. Nimitz Hwy. Pier 38
🕐 6:30～22:00（週日10:00～16:00）
🔒 全年無休　📍 Honolulu Harbor Pier 38。從威基基開車前往約20分鐘〔Iwilei〕

蒜香醬爆鮮蝦
$14

Furikake Pan Seared Ahi
$13.25

包覆一層Furikake（香鬆）後再煎過的新鮮Ahi，跟薑蒜醬超搭。

Ray's cafe非常有Kalihi的風貌，幾乎看不到觀光客。而舊城區風情的店裡，每天變化的餐點價位幾乎都在$10以下。

Best time :

12:00

雖然不是正式牛排店但味道無懈可擊。

想 吃 到 便宜又好吃的牛排，
鎖定中午時段

就是要挑午餐時間來！
排場超大的肉食天堂

從Loco Moco到漢堡、傳統豬肉料理Kalua Pork、還有Huli Huli Chicken烤雞……對愛吃肉的人來說，夏威夷簡直就是肉的天堂。所有種類樣樣齊全，所以**「想在午餐快速吃份正港的牛排」**也不是夢。

比方說Ray's cafe，與其說是牛排店，更像是大眾餐館。半信半疑地點了餐後，送上桌的竟是擁有美麗烤痕、賣相極好的牛排！據說店家會購買整頭牛隻回來，再由老闆親自解牛，所以餐點價格才能壓在令人難以置信的$20以下。從威基基前往這間店雖然有些不方便，但如果自駕出門有經過的話，可以進去坐一坐。

如果想在威基基周邊吃牛排的話，就鎖定販賣Plate Lunch的店家。

即使盛裝的容器看起來廉價，還是難以抗拒那鮮嫩多汁的牛排呀。

招牌牛排餐
$9

滿滿的骰子牛，滿到都看不見下面的飯了。這才是平民美食的王者！下重本的滿盤肉，在海灘玩累時可以補充能量。Ⓑ

牛雞雙拼
$13.75

香噴噴的雞排和骰子牛各半。先直接品嘗，再沾店家原創醬汁變變口味！Ⓑ

紐約客
$16.95

調味部分只有大蒜和胡椒，十分乾淨，可以嘗到肉的原汁原味。最佳熟度為五分熟！Ⓐ

肋眼牛排
$14

直接放上一大塊牛排的大份量餐點。醬料有3種，米飯可選擇白米或糙米。Ⓒ

紐約客牛排餐
$12.75

用和風薑汁醬料調味的厚實牛排約有225g，超大SIZE連盤子都快裝不下！喜歡吃肉的人也能十分滿足。Ⓓ

丁骨牛排
$18.95

重達400g的丁骨牛排，丁字型骨頭的兩邊分別是菲力與莎朗，集結兩塊部位於一身，可以品嘗到不同的口感！Ⓐ

| Ⓓ **Champion's Steak & Seafood**
チャンピオンズ・ステーキ & シーフード | Ⓒ **Pioneer Saloon**
パイオニア・サルーン | Ⓑ **Steak Shack**
ステーキ・シャック | Ⓐ **Ray's cafe**
レイズ・カフェ |

份量滿點的正港牛排！

美食街內的Plate Lunch專賣店，主廚曾在一流飯店工作過。這裡能以合理的價格，品嘗到好吃的牛排。

(MAP) P.187 B-3
☎ 808-921-0011
🏠 Royal Hawaiian Center B館2樓
🕙 10:00～22:00　🔒 全年無休

和風牛排的味道超棒

這間Plate Lunch專賣店的日本老闆曾任高級日式料理餐廳主廚。不管點什麼，如和風口味的Plate Lunch，都包您滿意！

(MAP) P.180 E-4
☎ 808-732-4001
🏠 3046 Monsarrat Ave.
🕙 11:00～20:00
🔒 全年無休　📍 從威基基開車前往約7分鐘〔Monsarrat〕

海邊玩一玩，來份速食牛排

可以穿著泳裝直接從Waikiki Beach走進店門的「牛排小屋」。菜單只有簡單的牛排和雞排而已。淋上以醬油為基底製成的獨門醬料，馬上開動吧！

(MAP) P.187 A-5
☎ 808-861-9966
🏠 2161 Kalia Rd.
🕙 10:00～19:40
🔒 全年無休　📍 Waikiki Shore 1樓

到大眾餐館享用價位$1X的牛排

許多熟客大叔一上門就熟稔地點了每日特餐，不過我們要點的餐點，毫無疑問就是調味簡單的牛排了。因為店家自己買一頭牛回來，所以菜單上可以看見各部位的餐點。

(MAP) P.181 A-4　☎ 808-841-2771
🏠 2033 N.King St.　🕙 6:00～19:30（週日～16:30）　🔒 全年無休
📍 從威基基開車前往約20分鐘〔Kalihi〕

想偷偷去真正好吃的店。

看不到台灣人?! 在地人熟悉的餐館

前往台灣人未開拓（？）的隱藏餐廳

　許多到夏威夷玩的朋友三番兩次要我分享這個主題。每年前往夏威夷的人次非常多，所以要研究這個問題可一點都不容易。不過這一次我挑選了3間店，給出的答案是「**看不到台灣人＝客群以當地人為主的店**」。

　首先，稍微遠離威基基的S King St.上還滿容易找到好店的。這裡有一整排店家，外觀雖然老舊，不過點味道卻是一級棒！如果要在散步時順便開發新店家，可以前往唐人街。老店和熱門餐廳交雜，整個區域的品質非常高。

　若是資深旅客，或許能試著從這2個區域挖掘出只有當地人才知道的好店喔。

Grondin
グロンディン

在地食材×拉丁法式的新穎風格！

曾於NY擔任主廚、歷練20年的可愛情侶發揮累積的經驗所經營的拉丁&法式餐廳。使用夏威夷當地的食材，如考艾島（Kauai）的蝦和Shinsato農場的豬肉、Nalo農場的蔬菜，可以品嘗到較休閒的餐酒館風味。

☎ 808-566-6768
⌂ 62 N.Hotel St.
（週六、日10:00～15:00）、17:00～22:00
（Happy Hour週一～五17:00～18:00）
🔓 全年無休
📍 從威基基開車前往約20分鐘〔Downtown〕
※有遊店計畫，詳情請上官網查詢。

燉了4天的卡酥來砂鍋（Cassoulet）$26。熟食冷肉盤（Charcuterie Board）$14，盤上包含了Shinsato農場的豬小腿肉火腿（前二項都只有晚餐時段供應）。加了西班牙起司的炸樹薯（Muchines）$8。

★★★ Piggy Smalls和The Pig & The Lady →P.48有不同的菜單。

我較為推薦的是香料豬
肉餛飩$8.95和薑蔥油
雞$12.95、豬絞肉豆腐
$13.95。

Dew Drop Inn
デュー・ドロップ・イン

不管吃什麼都踩不到地雷的中華料理店！

與台灣前總統私交甚篤的老闆一手包辦
各式菜餚，是一間整整30年來深受當
地居民愛戴的隱藏名店。餐點種類超過
100種，每一種都好吃。由於沒有供應
酒品，想小酌的人可以自行攜帶。

(MAP) P.182 D-2 ☎ 808-526-9522
🏠 1088 S.Beretania St.
🕐 17:00～21:30（週三～五11:00～
14:00也有營業） 🔒 週一
📍 從威基基開車前往約10分鐘
〔Ala Moana〕

Piggy Smalls
ピギー・スモールズ

在地人愛不釋手的午餐選擇2號分店！

人氣越南料理店The Pig & The Lady
（→P.48）的姊妹店。可以在這間雅
致的店內，享受精緻的越南河粉與越南
法國麵包等越南美食。

(MAP) P.182 E-5 ☎ 808-777-3588
🏠 1200 Ala Moana Blvd.
🕐 午餐11:00～15:00、週六10:00～、
晚餐17:00～21:30、週日10:00～15:00
🔒 全年無休
📍 Ward Village 1樓〔Ward〕

加了堅果和番茄的Weekend at Burmese Salad
$12（右）還有清爽的素食河粉$15（左）。

1

2

3

4

5

12

Happy Birthday
to my sister,
my friend...

Best time :

13:00

令人著迷的設計琳瑯滿目!!

宇宙無敵可愛的
紙藝品

美國的送卡片文化根深柢固，也因此許多卡片
設計都別出心裁。卡片不占空間，所以看到喜
歡的設計就馬上買下來吧。

8

11

RIFLE PAPER CO.

10

POP
FIZZ
cheers

9

HAWAII

1 源自夏威夷，用報紙做成的包裝紙。$5⑥ **2**～**5** 店家原創的明信片。6張一組$10⑧ **6** 設計簡單的藍色、紅色筆記本一本$6⑩。**7**・
8 當地設計師手蓋圖章製成的卡片、信封組一組$14⑥。**9** 畫書威基的明信片$6Ⓔ。**10** 普普風的文字卡片$4.99Ⓒ。**11** 大大激起少女
心的筆記本3本一組$15Ⓔ。**12** 送給姊妹的生日卡片$3.99Ⓒ。**13**・**14** 迷你筆記本也是店家的原創設計。$4Ⓐ **15** 感謝卡10張一組$3.99
Ⓒ。**16**・**22** SoHa Living原創商品。一件$3Ⓕ **17** 側面有美麗圖案的方形筆記本$12Ⓔ。**18** 有刺蝟圖案的備忘錄$5⑩ **19** 設計得頗具成熟
感的鳳梨圖案。$1.50Ⓐ **20** 草裙舞女郎圖案的生日卡片，帶有活版印刷的溫暖。$4.50Ⓐ **21** 丈夫生日專用卡片$4.99Ⓒ。**23** 大大小小的
尺寸、設計五花八門的便利貼本。$10.99⑩

★★★ Target的卡片賣場種類豐富，令人完全感覺不出這只是超市裡的其中一區。可以在心中想著你珍愛的人們，依照姊妹、丈夫、朋友等不同對象來選擇卡片。

13

15

13

14

20   19   16

22   21   18   17

23

Ⓐ **South Shore Paperie** サウス・ショア・ペーパリー (MAP) P.184 E-1 ☎ 808-744-8746 ⌂ 1016 Kapahulu Ave. ◷ 9:00～16:00 🔒 週日
♀ 從威基基開車前往約10分鐘〔Kapahulu〕 Ⓑ **Rebecca Beach** レベッカ・ビーチ (MAP) P.187 C-3 ☎ 808-931-7722 ⌂ The Royal Hawaiian,
a Luxury Collection Resort内 ◷ 9:00～21:00 🔒 全年無休 Ⓒ **Target Kailua** ターゲット・カイルア→P.147 Ⓓ **The Refinery Honolulu**
ザ・リファイナリー・ホノルル (MAP) P.180 F-3 ☎ 808-744-6175 ⌂ 4211 Waialae Ave. ◷ 10:00～21:00（週日～18:00） 🔒 全年
無休 Kahala Mall 1樓、從威基基開車前往約15分鐘〔Kahala〕 Ⓔ **Anthropologie** アンソロポロジー→P.104 Ⓕ **SoHa Living Kailua** ソーハ・リビ
ング・カイルア→P.96 Ⓖ **Owens & Co.** オーウェンズ→P.96

Best time :

13:00

乘著風逃離威基基！！

跨上腳踏車，前往
知名美食集散地

Cycling MAP

START & GOAL!

Waikiki Beach

從威基基出發，騎經Kuhio Ave.到Kapahulu Ave.後左轉。穿過Paki Ave.後再左轉就是Monsarrat Ave.了。之後再回到Paki Ave.，騎往Kapahulu Ave.。回程可以走Ala Wai Blvd.或Kuhio Ave.通往威基基喔。

這裡可以租到腳踏車！

Bikeadelic
バイカデリック

MAP P.186 D-3　☎ 808-924-2454
⌂ 120 Kaiulani Ave.
⊙ 8:00～19:00　🔒 全年無休
$ $14～（2小時）
📍 Kaiulani Ave.上

距離威基基
僅10分鐘的車程！
前往恬靜的在地小鎮

待在夏威夷時，什麼時候會感覺到幸福呢？答案很簡單，就是微風吹拂時。騎著腳踏車走訪充滿自然景象的區域時，實在是太痛快了。租了腳踏車後，馬上前往離威基基最近的在地小鎮Kapahulu還有Monsarrat。進入檀香山動物園旁的Paki Ave.後，可以看見陽光穿過綠色隧道的枝椏灑下，這幅美景大大提升了腳踏車之旅的期待。如果身旁開始

出現小小的植物園，那就代表已經進入當地人最常聚集的區域，Monsarrat Ave.。眺望著鑽石頭山的背影，吃份Banan的健康甜點後，再度動身前往Kapahulu Ave.。我們的目標是稱霸Kapahulu 3大名店的美食——Leonard's、Rainbow Drive-In、Waiola Shave Ice。

心靈與肚子都滿足後，就帶著舒適的疲勞感返回威基基吧。踩著踏板，感受迎面而來的微風，這份感覺一定會讓你在回國後想起夏威夷的種種。

★★★ Monsarrat和Kapahulu都是緩坡路，騎累了可以休息一下再上路。還有，基本上在夏威夷，腳踏車必須騎在車道上，交通規範也都和汽車相同。

Go!! Go!! Cycling!!
這就是MY BEST路線!!

拍些花照上傳IG，散個小步

13:15

到Queen Kapiolani Garden賞花

穿過Paki Ave.的**綠色隧道**

13:10

春～夏是賞花季！　　　　　充滿了夏威夷風情的植物！　　　　　進入樹蔭下，空氣也涼爽多了。

在Banan遇見友善的當地人！

13:45

到Banan**吃點透心涼甜點**

Pioneer Saloon是Monsarrat的象徵

13:30

常客都喜歡加水果吃♥。　　　　　用木瓜盛裝的巴西莓果碗超好吃。　　　　　要吃和風Plate Lunch就來這。

14:45

份量滿滿的**Plate Lunch**？

美食街道Kapahulu，要上哪吃呢？

14:30

Monsarrat→**Kapahulu**

14:15

當地人熱愛的活力午餐？　　　　　充滿美食的街道讓人選擇困難！　　　　　經由Paki Ave.前往Kapahulu。

果然來這裡就要找Leonard's！

16:30

回程可以騎**Ala Wai Blvd.的**車道

還是來吃點**刨冰**？

這裡是通往Ala Wai的單行道。　　　　　餐盒和飲料杯都好可愛♥。　　　　　店家自製的紅豆刨冰可謂人間美味。

1 想不想用Bulk區大量販售的燕麥和堅果來調配自己的獨門穀麥呢？**2** 以夏威夷產為主，亦包含了來自不同產地的咖啡。**3 4** 可以自己決定購買量的香皂適合當伴手禮。**5** 把Puka's的餐點和熟食區的食物帶到戶外座位區。**6 7** 全部商品有一半都是有機的，兒童也能安心。**8 9** 地方的時令蔬果需要過磅計價。**10** 也有Bubby's的麻糬冰淇淋等深受在地人喜愛的商品。**11** 每間店都有自己的Spa Water（溫泉礦物水噴霧）配方。

Whole Foods Market
ホールフーズ・マーケット

MAP P.180 F-3
☎ 808-738-0820
⚑ 4211 Waialae Ave.
🕓 7:00～22:00　🔒 全年無休
📍 Kahala Mall 1樓〔Kahala〕

★★★ 可以在魚賣場和肉賣場的熟食區請店家幫你現做Poke蓋飯和便當。也可以試吃很多東西。

Best time :

13:00

堪比夏威夷主題樂園。
想買東西，只要有一間
Whole Foods 就 能 搞 定 8 成

絕對不能空手而回！
探索超市，流連忘返

Whole Foods Market已經成為夏威夷一大觀光景點。1980年誕生於德州的Whole Foods，到了2008年才踏上夏威夷的土地。現在超市裡總是充滿追求樂活的當地人以及觀光客。如果想要同時享受購物樂趣與午餐，就瞄準中午時段出發吧。

一進店門，首先看到的是五顏六色的蔬果山！真是一幅美如畫的景象。

Whole Foods的特點在於「支持分店所在地的地方企業」，店裡處處可見的「LOVE LOCAL」告示就代表了這項概念。接著希望大家可以找看貼有「MADE RIGHT HERE」標籤的商品，這代表該商品是該店原創的。不僅熟食和浴鹽類有這種商品，甚至連除蟲噴霧都看得到，令人大吃一驚。化妝品還會放上製作該產品的員工照片，一點也不像大企業的作風呢。

如果問我哪一點最吸引觀光客，十之八九是**Bulk**區吧。這種要買多少自己裝的販賣方式在台灣幾乎看不到，不過在美國可是很常見的銷售方式。Kahala店的Bulk區有販售花生醬、浴鹽和餅乾等多種商品。

Whole Foods的價位相較其他超市雖然來得高一些，不過最近他們也常常會舉辦優惠活動，尤其John Masters Organics這個牌子更是三天兩頭就有促銷活動。如果出現了成堆的促銷商品，別猶豫，趕快買下來。

最後就到內部開設的餐廳度過午餐時光。這裡的Puka`s享用午餐時，啤酒品項之豐富，絕對不輸給專業的啤酒吧，白天就開始微醺也完全不成問題！

極私藏名單。必買物品的4個關鍵字

Whole Foods必逛的子品牌「365 Store」旗下商品當然不能錯過，另外也推薦各位一些我實際吃過後覺得好吃，買了又買的商品。

\ 在地食物 /	\ 廚房幫手 /	\ 健康零嘴 /	\ 營養食品 /
Kahala Fresh的鬆餅粉。$9.99	一進貨馬上就銷售一空的無花果醬。$6.99	加了枸杞和可可的零嘴。不含麩質。$12.99	大麻籽富含對女性有益的營養成分。$6.99
肉桂口味的糖。$6.99	真的有加酪梨的酪梨醬。$2.99	添加了藍莓的堅果餅。$5.99	有機巴西莓粉。$19.99
包裝也很可愛的茂宜島產香草莢。$15.99	牛肝菌菇乾與香菇乾等乾燥類。$6.99	薑片&薑黃片。$7.99	可以補充女性容易缺乏之營養的健康補給品。$34.99

高效率尋找目標！Whole Foods巡禮

挑戰Bulk區
想買多少就裝多少，接著貼上商品ID的標籤就可以拿去結帳了。如加了巧克力的花生醬$6.49（1磅）。

如果從一開始就慢慢逛的話，很容易錯過重點區域。每逛必定會久留的Whole Foods，有沒有什麼不會累的高效率逛法呢？照過來！

首先要直接走向這一區
寫著Cereals & Honey & Cookies的這條走道有很多適合當伴手禮的商品，非常適合觀光客。

化妝品賣場該看重點在哪裡？
檢查一下化妝品賣場有沒有秤重賣的香皂，或是看看掛著促銷標籤的商品裡有沒有自己要找的東西。

熟食區外也可以製作便當！
最推薦各位試試可以自己選擇要包什麼料的墨西哥捲餅。魚賣場的Poke Bowl也好吃到不行。

★ ★ ★ Puka's也有Happy Hour。能夠以優惠價格享用生啤酒和紅酒。

這個品質，早已超出超市的普通水準！

The Big Kahuna Burger
$12

素食披薩
$4

椰香薑汁沖繩風地瓜泥
$9.99（1磅）

IPA英國炸魚＆薯條
$12

BBQ煙燻豬五花
$10.99（1磅）

1 白色盤子是Puka's的餐點，其他是熟食區的。煙燻豬五花超好吃！**2** 試試看4種啤酒。$10 **3** **4** 沙拉有分秤重賣跟完整包裝賣。

Puka's
ブカズ

連Pub都相形見絀的品質

超市入口旁附設的餐廳。餐點包含壽司、三明治等較輕鬆的食物。戶外座位區也可以跟Puka's點餐，只要將紅綠色木方塊的綠色FULL SERVICE那一邊朝上擺，就會有員工來點單了。

(MAP) P.180 F-3
⊙12:00～21:00（週六、日10:00～）
※外帶最晚供應到17:00　🔒全年無休

如果買東西買累了，那就到Puka's吃午餐吧。「Puka」在夏威夷語中是洞穴的意思。一走進這間店如其名，充滿洞窟氛圍的餐廳，迎面就是攝影師Clark Little的大型馬賽克藝術。你也可以把超市熟食區的食物帶進這間餐廳，不過建議點他們原創的料理來嘗一嘗。你絕對會十分驚艷於這裡的餐點味道，一點都不像是超市附設餐廳的等級。尤其漢堡和炸魚＆薯條更是我個人喜愛有加的餐點！太下酒了，非常過癮。店家供應的啤酒和紅酒中也包含夏威夷產的種類，可以試試看標有「Local」的品項。

Not 絞肉排。
Yes！牛小排!!

2.「Moena Cafe」的
牛小排 Loco Moco

實力派咖啡廳，他們的鬆餅和班尼迪克蛋等經典早餐樣樣都好吃。而其中讓人想特地跑到Hawaii Kai嘗嘗的餐點，就是這道使用了牛小排的Loco Moco！$16.25

MY BEST
Loco Moco

Loco Moco的醬汁和肉排都不斷進化。難以言喻的傳統味道有時也讓人想念得不得了呢。

1.「Highway Inn」的
Smoked moco

可以輕鬆品嘗到當地招牌食物的店家，週五晚上還有免費的現場演奏可聽。這道餐點是用荔枝木片燻製的肉來製作Loco Moco。$14.95

5.「Eating House 1849」的
Hawaii Ranchers' Loco Moco

新鮮的夏威夷食材經過主廚Roy Yamaguchi巧手，化身為時尚又別緻的餐點。他們的Loco Moco使用炒飯，和醬汁的味道也很搭。$20

很對胃口的法式多蜜醬汁

3.「Goofy Cafe & Dine」的
Big island beef Loco Moco

充滿衝浪文化氣息的一間咖啡廳。餐點使用夏威夷產的食材，而使用夏威夷島牛肉製成的Loco Moco，醬汁口味也很對胃口。$15

4.「Rainbow Drive-In」的
Loco Moco

彩虹色招牌散發出懷舊氣息的可愛老店。古早味肉醬、加上分量超多的絞肉排！女性的話也許點迷你版就夠吃了。$8.75

1. Highway Inn
ハイウェイ・イン
(MAP) P.183 C-5
☎ 808-954-4955
🏠 680 Ala Moana Blvd.#105
🕐 8:30～20:30（週五、六～21:00，週日9:00～14:30）
🔒 全年無休　🚗 從威基基開車前往約15分鐘〔Kakaako〕

2. Moena Cafe
モエナ・カフェ
(MAP) P.178 F-5
☎ 808-888-7716
🏠 7192 Kalanianaole Hwy.
🕐 6:30～15:00　🔒 全年無休
📍 Koko Marina Center 1樓。從威基基開車前往約30分鐘〔Hawaii Kai〕

3. Goofy Cafe & Dine
グーフィー・カフェ & ダイン
(MAP) P.185 B-5
☎ 808-943-0077
🏠 1831 Ala Moana Blvd.
🕐 7:00～23:00
🔒 全年無休
📍 Ala Moana Blvd.上

4. Rainbow Drive-In
レインボー・ドライブイン
(MAP) P.184 F-3
☎ 808-737-0177
🏠 3308 Kanaina Ave.
🕐 7:00～21:00　🔒 全年無休
📍 Kapahulu Ave.和Kanaina Ave.、Castle St.的三角窗位置。從威基基開車前往約7分鐘〔Kapahulu〕

5. Eating House 1849
イーティング・ハウス1849
(MAP) P.187 C-2
☎ 808-924-1849
🏠 2330 Kalakaua Ave.
🕐 11:00～22:00
🔒 全年無休
📍 Kalakaua Ave.上

經典。心吃。
因此大排長龍。
而且絡繹不絕。

MY BEST

Garlic Shrimp

北海岸名產蒜爆鮮蝦，如今加入了許多異國元素，
口味越來越豐富。

4.「Giovanni's Aloha Shrimp」的 Shrimp Scampi

講到蒜爆鮮蝦，任何人都會提到這間超知名店家。充滿塗鴉的餐車前總是大排長龍，衝擊力十足的強烈風味讓人一口接著一口把飯扒入口中……$14

5.「Ted's Bakery」的 蒜爆鮮蝦餐

這間店以Haupia pie（椰子派）聞名，不過還是十分推薦他們的蝦子！恰到好處的香蒜味，口感鮮嫩。成菜時已經去掉蝦殼，吃起來一點也不麻煩！$13.20

3.「Camaron」的 Medium Spicy

主廚吃遍全夏威夷的蝦料理後，創造出濃郁奶油口味的獨門料理，並引以為傲。辣度可以調整，不過最推薦這道隱藏菜單上的餐點。$13.95

改變價值觀的蝦子。
（絕對。）

2.「Dat Cajun Guy」的 紐澳良風味BBQ蝦

紐澳良Style !!
就是滿滿的香料

1.「Romy's」的 One pound of boiled shrimp

如假包換的Kahuku產蝦料！盤子都快裝不下的飽滿鮮蝦，味道簡直賽龍蝦！由於經常大排長龍，所以可以鎖定平日早上前往。
$19.75～
※有些日子可能沒有供應這道菜

---

1. Romy's Kahuku Prawns and Shrimp
ロミーズ・カフク・ブローンズ・アンド・シュリンプ
MAP P.178 D-1
☎ 808-232-2202
🏠 56-781 Kamehameha Hwy.
🕐 10:30～17:45（週四～17:00，週六、日～18:00）🔒 全年無休
📍 從威基基開車前往約70分鐘
〔Kahuku〕

2. Dat Cajun Guy
ダット・ケイジャン・ガイ
MAP P.179 A-5
☎ 808-861-5567
🏠 66-197 Kamehameha Hwy.
🕐 7:00～14:30　週日
📍 從威基基開車約60分鐘
〔Haleiwa〕

3. Camaron
カマロン
MAP P.179 A-5
☎ 808-348-6484
🏠 66-236 Kamehameha Hwy.
🕐 10:30～16:00　🔒 全年無休
📍 從威基基開車前往約60分鐘
〔Haleiwa〕

4. Giovanni's Aloha Shrimp
ジョバンニズ・アロハ・シュリンプ
MAP P.179 A-5
☎ 808-293-1839（Kahuku分店）
🏠 66-472 Kamehameha Hwy.
🕐 10:30～17:00　🔒 全年無休
📍 從威基基開車前往約60分鐘
〔Haleiwa〕

5. Ted's Bakery
テッズ・ベーカリー
→P.57

來自紐澳良的主廚用蝦子來呈現故鄉的好味道。加了各式各樣香料的醬汁滿滿淋在蝦上，大家可以拿法國麵包沾著吃。$14.95

Hamburger

這些漢堡已經跳脫垃圾食物的範疇，升級成一道
道美味佳餚。好好享受滿出來的肉汁吧！

2.「**Livestock Tavern**」的
Tavern Burger

多汁的肉排搭配烤過的洋蔥，兩者的美味
相輔相成！而用來提升風味的柑橘醬也是
一大亮點。$18

結合酒吧與餐廳機能的餐酒館。在
自然木質格調裝潢、空間寬敞的店
內，大口咬下用芝麻麵包夾起的經
典漢堡。$14.50

1.「**Seven Brothers at the mill**」的
Paniolo Burger

1. Seven Brothers at the mill
セブン・ブラザーズ・アット・
ザ・ミル
MAP P.178 D-1
☎ 808-852-0040
🏠 56-565 Kamehameha Hwy.
🕐 11:15~21:00（15:00~
16:15為休息時間）🔒 全年無休
📍 從威基基開車前往70分鐘
〔Kahuku〕

由7兄弟經營的餐廳，可以挑戰一下所有配
料都是炸物的漢堡。店內還有其他餐點，如
大份量的Plate Lunch等，兜風時不妨繞去
一趟。$9

2. Livestock Tavern
ライブストック・タバーン
→P.48

3. Honolulu Burger Company
ホノルル・バーガー・カンパニー
MAP P.182 E-2
☎ 808-626-5202
🏠 1295 S. Beretania St.
🕐 10:30~21:00（週五、六
~22:00・週日~20:00）
🔒 全年無休　📍 S Beretania
St.上、離Keeaumoku St.路
口很近。從威基基開車前往
約10分鐘〔Ala Moana〕

4. The Brilliant Ox
ザ・ブリリアント・オックス
MAP P.182 F-4
☎ 808-377-4803
🏠 1450 Ala Moana Blvd.
🕐 11:00~22:00（週五、六
~凌晨2:00）🔒 全年無休
📍 Ala Moana Center內

5. Teddy's Bigger Burgers Waikiki
テディーズ・ビガー・バーガー・ワイキキ
MAP P.186 F-3
☎ 808-926-3444
🏠 134 Kapahulu Ave.
🕐 10:30~23:00　🔒 全年無休
📍 離Kalakaua Ave.和Kapahulu
Ave.的交叉路口很近。

4.「**The Brilliant Ox**」的
Brilliant Ox Burger

濃～郁♡

5.「**Teddy's Bigger Burgers Waikiki**」的
Monster Double Burger

瞧瞧！這濃稠
飽滿的感覺。

屢次榮獲最佳夏威夷漢堡獎的
必吃夏威夷漢堡。重達
250g的肉排，淋上濃
稠的起司，這種濃稠飽
滿的感覺無可匹敵。

FROM
夏威夷島

3.「**Honolulu Burger Company**」
的Mocha Java Burger

使用完全不施打任
何生長激素的夏威
夷產草飼牛，可以
感受到肉的原汁原
味，使用的蔬菜也
十分新鮮。餐點賣
完即打烊，所以
想吃的人得趁早
GO。$10.89

1.「Helena's Hawaiian Food」
的D套餐

1946年創業至今已傳承到第3代的老店。一定要吃吃看用Semi Dry熟成牛小排又炸又烤來製作的Pipi Kaula（烤牛肉）！看起來、吃起來都十分軟嫩，多汁程度也有別於其他店家。$24～（右邊的Laulau（芋頭葉包）$4.25）

這家 Pipi Kaula 的 Juicy 程度 不太一樣呢!!

調味跟定的好機會!! Kiawe的香氣讓人口水直流

2.「Asahi Grill」的
牛尾湯

撒上大量的生薑醬油再享用

一塊塊的牛尾巴

融合夏威夷料理與日式料理的餐館，他們的招牌料理就是這一道。先喝喝看含有牛尾精華的湯，再加入店家特製的生薑醬油，配著肉一起吃！$14.95～

3.「Ray's Kiawe Broiled Chicken」
的Huli Huli Chicken

於週末時出現在Haleiwa的餐車。Kiawe（牧豆樹）的香氣逼人，加上肉Huli Huli（轉動）地在架上烤著，經過時怎麼能不停下腳步。帶骨烤雞外脆內Juicy！$11

★ MY BEST ★

Local Food

在夏威夷眾多的傳統料理以及當地人喜愛的美食之中，這3間餐廳絕對連日本人也會深深迷上！

2. Asahi Grill
朝日グリル
MAP P.182 D-4
☎ 808-593-2800
🏠 515 Ward Ave.
🕐 7:00～22:00
🔒 全年無休　📍 從威基基開車前往約12分鐘〔Ward〕

3. Ray's Kiawe Broiled Chicken
レイズ・キアヴェ・ブロイルド・チキン
MAP P.179 A-5
☎ 808-351-6258
🏠 66-190 Kamehameha Hwy.
🕐 9:00～16:30　🔒 週一～五
📍 Malama Market停車場內

1. Helena's Hawaiian Food
ヘレナズ・ハワイアン・フード
MAP P.181 A-3
☎ 808-845-8044
🏠 1240 N.School St.
🕐 10:00～19:30
🔒 週六～一　📍 從威基基開車前往約20分鐘〔Liliha〕

TIPS + MEMO

IN THE *Noon*

掌握逛阿拉莫阿那中心的秘訣，並充分發揮！當紅的餐點也要特別留意。

Bloomingdale's

→P.51

「購買化妝品就送免費美容服務！？」

若購買2～3件化妝品，店家就會提供**免費的美容服務**。每個星期會有不同的3間品牌提供這項服務，至於條件則各品牌有所不同。

「一定要帶折價券，現場享優惠！」

若住在有合作的飯店，就可到1樓的歡迎中心換取15%的折價券。（部分商品不適用）

Nordstrom

→P.51

「為等另一半逛街的男人們 量身訂做的紳士酒吧」

2樓的「habitant」是一間提供男性一個放鬆空間的酒吧，提供使用當地食材調製的雞尾酒等酒類。

「免費當一回名流？ 體驗個人造型師」

「個人造型區」有4名造型師常駐，**提供免費造型諮詢服務**，幫助顧客找出適合自己的穿搭風格。

Hula Lesson

「購物中途 參加草裙舞課程」

3樓的「Hula with Aloha」可以體驗草裙舞和花圈製作，學習夏威夷文化的奧妙之處。（需收費、需預約。週一～六 9:00～15:00）

ALA MOANA CENTER

與別人高下立判， 阿拉莫阿那中心的攻略資訊

「約2個月舉辦1次！ 瞄準優惠活動擬訂計畫」

包含最盛大的「ThanksGetting Day」在內，阿拉莫阿那中心約2個月就會有1次促銷活動。不僅舉辦的頻率高，而優惠的程度更是無法比擬，十分吸引人！高級品牌也有優惠，所以如果在夏威夷時剛好碰上活動期間，記得確認一下哪些商品有折扣喔。

→P.50

□ 福袋	□ 獨立紀念日慶祝活動
1月1日	7月4日所在的當週週末
元旦當天限定販售的福袋，其中含有不少高級品牌，買到賺到。	會有折扣。在參與活動的店家購買飲料或吃飯都有折扣，4號晚上還有煙火秀。
□ 聖誕節後促銷活動	□ ThanksGetting Day
12月26日～週年	11月第4個禮拜五
許多商品都有大幅折扣的清倉大拍賣。先搶先贏。	感恩節後的大型促銷活動。有些店家會從前一天就開始限時優惠了。

waikiki trolley

「應避開打烊前後的車班」

快到打烊時間時，路面電車的搭車處就開始大排長龍了！如果身上還攜帶著戰利品，累的程度還會加倍，所以建議打烊前1小時左右撤退比較好。

MARIPOSA

「Friday Night先訂好 Mariposa的戶外座位區」

禮拜五，Hilton Hawaiian Village飯店都會放煙火，所以許多餐廳可以觀賞煙火的戶外座位區都需要預約。記得預約Mariposa並指定座位喔。

Mariposa
マリポサ
MAP P.182 F-4
☎ 808-951-3420
🏠 Ala Moana Center 3樓 ⏰ 11:00～21:00

Try It!

「甜×鹹→味道
奇蹟似地平衡」

鹹味主食淋上滿滿楓糖漿，這種
吃法在台灣根本就想不到。有越來
越多人半信半疑地吃下這種意外的
組合後便深陷其中。

起司通心麵鬆餅$11
（週末限定）
加了通心粉和切達起司的主
食類鬆餅，可依喜好淋上適
量培根。加培根＋$2
Morning Glass Coffee
＋Café → P.94

玉米片法式吐司
$14
撒了玉米片的法式吐司，居
然還放上培根和香草義式冰
淇淋！
Koko Head Cafe → P.42

糯米粉炸雞&格子鬆餅$15
格子鬆餅上還有糯米粉炸雞
坐鎮的美國經典料理。淋上
楓糖漿便大功告成。
The Nook
Neighborhood
Bistro→ P.132

point!
很多店家午餐時段過後就休息
了，要注意喔！

FOOD WAGON

「出沒於藝術之街卡卡厄科的餐車，
親自品嘗高品質美食！」

現在已經處處都能看見販賣食物的餐車。在物價水準較高的
歐胡島，餐車因為物美價廉，非常受當地人歡迎。如果想要
一次嘗試各種餐點的人，可以到「Eat The Street」看
看，來一場當地人老早就讚不絕口的餐車美食巡禮吧。不過
這個活動的舉辦日較少，只有每月最後一個星期五，這一
點就要注意了。

Eat The Street [MAP] P.183 C-5
イート・ザ・ストリート
🏠 747 Ala Moana Blvd.
🕐 每月最後一個週五16:00～21:00
[URL] www.facebook.com/
EatTheStreetHawaii/

point!
出門前先上facebook
確認有出車的攤販和活
動日期喔！

⚠ CAUTION!

☑ **小心腳踏車搶劫**

最近越來越常看到觀光客騎著租借腳
踏車的身影（尤其在凱盧阿），不過
隨著需求增增加，警方接獲搶劫等糾紛
的報案數也有增加的趨勢。注意重要
物品不要放在籃子裡，隨時將後背包
或斜背包背好。

- -

☑ **威基基海灘的租用品**
白天就賣完了？

從一早開始，威基基海灘的人潮就不
停增加，到了中午已經人滿為患。尤
其Moana Surfrider前屬於較壅塞的
區域，陽傘＋躺椅等人氣商品有可能
上午就賣完了，要占的人動作要快。

Detox Juice

「在天天吃過頭的日子裡，
來點輕鬆的斷食怎麼樣？」

連續好幾餐吃美式食物也是會搞壞肚
子的。這種時候就試著把其中一餐換
成冷壓果汁和水果水怎麼樣？使用
大量夏威夷在地水果的果汁喝起來也
很有飽足感，而Whole Foods等地
方也有販賣添加了水果的排毒水
（Detox water），不僅能補充水
分，還能補充維他命C，這可是南國
夏威夷之旅的一大法寶。

Retreat

「如果沒辦法跑太遠，
也可以在威基基好好放鬆」

如果沒時間往遠處跑，也可以試試到
Halekulani Hotel前的Kawehewehe體
會一下療癒的感覺。這裡是淡水湧出的地
點，十分涼爽，傳說具有緩和疾病和疼痛
的效果。

Kawehewehe
カヴェヘヴェへ
[MAP] P.187 B-5
📍 Halekulani Hotel和Outrigger Waikiki Beach
Resort之間

point!
此處為湧泉進入海洋的地方，
所以沒有珊瑚礁，海水的顏色
跟其他地方不一樣，呈現淡淡
的藍色。

What are you gonna do??

Afternoon

14:00 - 18:00

午後艷陽高照，威基基海灘充滿了人潮。如果想避暑，購物是個不錯的選擇，優雅喝杯下午茶也不賴。但如果是大採購這種會增加行囊的活動，建議留到回飯店前再說。

Hyatt Regency Waikiki
Beach Resort & Spa海景
房拍出去的景象。所有房間
都有Lanai（陽台）

Waikiki Beach
ワイキキ・ビーチ

MAP P.186 E-4

♀ Kalakaua Ave.邊的靠海側

淋浴區／有　廁所／有　置物櫃／有
救生員／有　小販／有
器具租借／有

IN THE *Afternoon* (14:00-18:00)

Best time :

14:00

巧妙迴避人滿為患的海灘！！

招牌景點威基基海灘，我 會 這 麼 過

Moana Surfrider

Kapahulu Ave.

Monsarrat Ave.

ahaloa & Ulukou Beach

Kuhio Beach

Queen's SurfBeach

Kaimana Be

海灘邊可以租借陽傘和躺椅。

晚間有免費草裙舞秀（→P.113）。

有防波堤，廁所&淋浴設備完善。

→鑽石頭山。

人潮最多的新月形海灘，沒有樹蔭。

很受衝浪新手歡迎。也有衝浪課程。

人跡較少，樹蔭下有長椅。

★ ★ ★ 海灘邊還有一些可以直接穿著泳裝進店消費的咖啡廳，每間都是「海邊小屋」的親民價格。肚子有點餓時很方便。

PATTERN.3
到靜謐的優美海灘
放鬆漂浮在水上

Outrigger Reef前的海灘是人煙較稀少的私房景點。光是藉助浮板和游泳圈漂在水上就好幸福。

PATTERN.1
租個陽傘
就能坐上半天

陽傘＋躺椅2件商品約$50，並不便宜。要注意的是如果不早點去的話很可能就租不到了。

PATTERN.4
如果要留在飯店不出門
搶占陽傘下的位子！

坐在飯店的陽傘下就能增加度假的感覺。Royal Hawaiian的粉紅陽傘永遠是女孩們的憧憬。

PATTERN.2
搭雙體船
從近海處眺望景色

Holokai Catamaran（P.117）下午3點的航程費用$35，飲料無限暢飲。拂過海面的海風很舒適。

了解幾個知名海灘的個性
用自己喜歡的方式度過

雖然說遠處的海灘美不勝收，不過飯店前也有毫不遜色的一片汪洋。不覺得看了很想要去玩一次看看嗎？嚴格來說，連綿約3km的海灘可以分成8個區塊，而威基基海灘則是這所有海灘的總稱。不同區域，人潮和風浪狀況都不一樣，所以大家可以配合自己喜歡的方式，選擇適合的地方度過。（東西兩端的人較少）我個人推薦參加搭乘雙體船（→P.117）到近海眺望飯店群的遊覽活動。平時映入眼簾的景色，從近海處重新一看也會變得不一樣，很有新鮮感。

飯店和商業建築旁有很多可以從Kalakaua Ave.通往海邊的小路。

←阿拉莫阿那中心

Kalakaua Ave.

Hilton Hawaiian Village

Halekulani

Sheraton Waikiki

有樹蔭，也沒那麼多人，比較舒適。

Duke Kahanamoku Beach Park

Fort Derussy Beach Park

Gr

風平浪靜，海灘也很寬闊，適合帶小孩來。

較小的沙灘。Kaw hewehe在這。

14

14:00
到The Kahala Hotel & Resort的
The Veranda
喝杯下午茶

要說什麼時段可以待在一個地方徹底放鬆好幾個小時，肯定就是下午茶時光了。吃完簡單的午餐後，就出發前往The Veranda吧。充滿歐洲＆夏威夷元素的糕點以及手指三明治，在開闊的空間內享用，吃起來的感覺格外不一樣。我個人認為，這裡的司康是全夏威夷最好吃的司康！紅茶建議點充滿南國風情的「Canib」。

The Veranda
ザ・ヴェランダ

(MAP) P.180 F-3　☎ 808-739-8760
🏠 The Kahala Hotel & Resort 大廳樓層
🕐 14:00～17:30（下午茶時段）、
17:30～22:00（輕食）、17:30～凌晨0:00
（提供雞尾酒）　🔒 全年無休
📍 從威基基開車前往約15分鐘〔Kahala〕

Best time :
14:00-17:00

就算不住房，也能提升興致。

星級飯店的
利用方法

參加超便宜的小資旅行雖然很愉快，不過還是想奢侈一下，就算只有一天也好。讓我們到星級飯店盡情放鬆身心吧。

下午茶時段為14:00～17:30。店內家具全數更新、舒服度大幅提升的The Veranda，記得先預約好再出門。Classic Tea Service $50

★ ★ ★　如果到Abhasa Spa按摩，即可免費參加Royal Hawaiian Hotel每週一、四8:00～9:00舉辦的庭園瑜珈課。

Abhasa Spa
アバサ・スパ

(MAP) P.187 C-3　☎ 808-922-8200
🏠 2259 Kalakaua Ave.
⏰ 9:00～21:00　🔒 全年無休
📍 The Royal Hawaiian, a Luxury Collection Resort內

16:00
**到The Royal Hawaiian,
a Luxury Collection Resort的**
Abhasa Spa享受庭園按摩

被一片濃濃綠意包圍的飯店庭園，散發出一股神祕的氣息，難以相信這樣的地方居然就在威基基中心。選好精油的香味後，就把身體交給手法熟練的按摩師吧。聽著鳥兒的叫聲，在庭園內的茅草屋底下享受著按摩，身心都能恢復活力。

・推薦Menu
Abhasa Harmony $150（50分鐘）、$210（80分鐘）；Pohak〈熱石〉$210（80分鐘）

17:00
**到Moana Surfrider,
A Westin Resort & Spa的**
Vintage 1901
喝杯加入當地水果的桑格利亞

白天到處遊玩之後，晚餐前到葡萄酒吧小憩一下。Vintage 1901最適合望著榕樹，舒服微醺一下，享受屬於大人的休息方式。店家自製的桑格利亞，就連不太懂葡萄酒的人也能好好享受。帶有肉桂風味的異國風味，很容易一杯接著一杯喝，注意別喝過頭喔。

Vintage1901
ヴィンテージ1901

(MAP) P.186 D-3　☎ 808-921-4600
（Central Dining Reservation Center）
🏠 2365 Kalakaua Ave.
⏰ 17:00～22:00
🔒 全年無休
📍 Moana Surfrider, A Westin Resort & Spa內

（上）起司拼盤$18（下）自製桑格利亞$14、使用夏威夷百香果Lilikoi的Ginger Lilikoi Cooler $15。

The Surfjack Hotel & Swim Club

世紀中現代風與懷舊感巧妙融合成一體的休閒旅館，如今已是威基基的拍照打卡聖地。內部商家包含出自Ed Kenney之手的地產地銷餐廳「Mahina & Sun's」、凱盧阿時髦選貨店打造的「Olive & Oliver」等，不光是外觀光鮮亮麗，商家品質也很高。

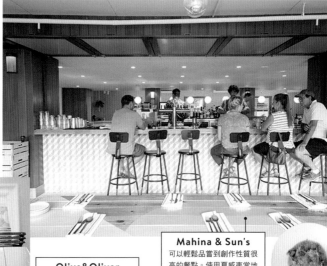

IN THE *Afternoon* (14:00-18:00)

Olive&Oliver
老闆優異眼光嶄露無遺的選貨店。內部還有附設咖啡廳。杯子超可愛！

Mahina & Sun's
可以輕鬆品嘗到創作性質很高的餐點。使用夏威夷當地有機食材。

Guests only

這座堪稱飯店註冊商標的游泳池，只有房客才能使用。也只有從客房才能拍到游泳池底的字樣，所以如果想100%享受飯店，最好的方法還是入住！

The Surfjack Hotel & Swim Club

ザ・サーフジャック・ホテル & スイム クラブ

(MAP) P.187 B-1
☎ 808-923-8882　♠ 412 Lewers St.
🕓 Mahina & Sun's 6:30～22:00、
Olive & Oliver Coffee Bar 7:00～20:00、
Shop8:00～
📍 Lewers St.上

★ ★ ★ The Surfjack Hotel & Swim Club游泳池邊的Swim Club還會播放電影。

Best time :

14:00

美到讓人狂po上網的超好拍SPOT。

住不住都可以享受**時髦飯店**

The Laylow, Autograph Collection

坐落於Kuhio Ave.的設計飯店，內部的藝術空間不管拍哪個部分都好看。不需入住也能消費的餐廳「HIDEOUT」可以品嘗到混合墨西哥等多國要素的複合式料理。店內的開闊感讓你完全無法相信這間店竟然在威基基的中心，而帶有淡淡古早氣息的環境，也營造出舒適的感覺。

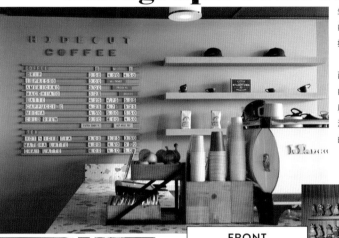

FRONT
擺著一群草裙舞女郎娃娃的飯店前檯。充滿老夏威夷感！

HIDEOUT
以夏威夷在地食材，做出揉合多國元素的料理。戶外座位區的開闊感十足。

Guests only

客房的一整面牆都畫著龜背芋的圖案，可愛得讓人忍不住拿起相機！而歡迎入住的置物籃裡也放了同樣圖案的海灘涼鞋等物品，到房客限定的海水游泳池活動時就可以穿上。

The Laylow, Autograph Collection
ザ・レイロー・オートグラフ・コレクション
MAP P.187 C-2
☎ 808-922-6600
⌂ 2299 Kuhio Ave.
◎ HIDEOUT 7:00〜22:00
（飲料部分〜凌晨0:00）
♀ Kuhio Ave.上

2. COFFEE
Kona和Ka'u都品嘗看看

夏威夷島Kona地區栽種的Kona Coffee名聞遐邇，而最近也有一名後起之秀叫作Ka'u。（右起）果實中只有一顆豆子的PEABERRY，稀有價值高。$21.95Ⓗ、100% Waialua Coffee $12.95Ⓗ、100% Kona PEABERRY $22.89Ⓖ。

3. NUT & NUT BUTTER
一吃就停不下來…

主要使用夏威夷島栽種的夏威夷豆，分成無調味跟有調味。不過有調味的版本也只是簡單加了鹽，可以享受吃到新鮮堅果的口感。（右起）$8.29Ⓖ、做成抹醬的堅果醬也用途廣泛。$15.59Ⓖ。

Best time :
14:00
吃過才敢推薦！

必買無疑的 10種食品

堅持100%使用在地原料製成的LOCAL食品。用這些背後帶著故事的食品拿來當伴手禮的話，收到的人也會非常開心的。

1. CHOCOLATE
驚人的馥郁香氣！

原料產地不同，巧克力的味道與香氣也會截然不同。最近夏威夷也開始栽種可可豆，製成的巧克力充滿豐富的果香，值得一試。（右起）MANOA巧克力Ⓖ有許多有趣的組合，如Hawaiian sea salt $9.56～，而使用歐胡島產可可豆製作的板巧克力一片$8Ⓒ。

4. COOKIE
豐富的奶油風味

包含那知名的鳳梨型蘇格蘭奶油酥餅在內，許多夏威夷餅乾從原料到製作方法都有嚴格的要求。（右起）一罐（4個）各$5.95Ⓐ。也有蜂蜜夏威夷豆等夏威夷經典口味$14～Ⓑ。

★ ★ ★ Down to Earth和Whole Foods Market（凱盧阿分店）的蜂蜜可以自行裝取需要的量。推薦大家多嘗試看看不一樣的蜂蜜

5. HONEY

了解不同植物的不同風味

現在蜂蜜可愛的包裝十分吸引人，也成為常見的伴手禮選擇了。採集不同夏威夷當地植物所製作而成的蜂蜜，味道也都各具特色。（右起）罕見的熱帶風Tiki Bottle ⓔ、Manoa Honey Company的夏威夷豆蜂蜜$12.09 ⓖ。

ⓐ **Honolulu Cookie Company**
ホノルル・クッキー・カンパニー
MAP P.187 B-3
☎ 808-931-3330
🏠 Royal Hawaiian Center B館1樓
⊙ 9:00～23:00　🔒 全年無休

ⓑ **Royal Hawaiian Cookie**
ロイヤル・ハワイアン・クッキー
MAP P.187 B-2
☎ 808-286-6662
🏠 2250 Kalakaua Ave.
⊙ 10:00～22:00　🔒 全年無休
📍 Waikiki Shopping Plaza 1樓、T Galleria旁

ⓒ **Malie Kai Chocolates**
マリエカイ・チョコレート
MAP P.187 B-3
☎ 808-922-9090
🏠 Hawaiian Center C館1樓
⊙ 10:00～22:00　🔒 全年無休

ⓓ **Halekulani Boutique**
ハレクラニ・ブティック
MAP P.187 B-4
☎ 808-923-2311
🏠 Halekulani Hotel內
⊙ 8:00～21:00　🔒 全年無休

ⓔ **ABC Store#38**
ABCストア38号店
→P.18

ⓕ **Whole Foods Market**
ホールフーズ・マーケット
→P.74

ⓖ **Down to Earth**
ダウン・トゥ・アース
→P.63

ⓗ **Island Vintage Coffee**
アイランド・ヴィンテージ・コーヒー
→P.65

7. SALT

摩洛凱島產的海鹽

富含礦物質的海鹽，味道很有深度。（右起）巴薩米克風味的鹽、Red Alaea各$5.99 ⓕ。

6. JAM

選擇南國風味

把南國水果做成果醬帶回家。（右起）夏威夷辣椒醬$8.59 ⓖ、芭樂醬$9.99 ⓖ。

9. PANCAKE MIX

在家完美重現專業口味！

從專賣店到高級飯店，你喜歡的口味都可以回到家裡後再現。（右）只需加水就能製作的鬆餅粉$12 ⓓ等。

8. BUTTER

濃郁的味道令人上癮！

（右起）咖啡歐蕾風的深邃味道。Kona Coffee Butter $9.99 ⓗ、味道不會太甜，還能享受到顆粒口感的杏仁堅果醬$6.99 ⓕ。

10. CEREAL

意外充滿特色的商品！

從咖啡店原創商品，到使用有機原料的產品，味道十分多元。什麼都不加就直接吃也很好吃！LIRIO'S的即食穀麥片$4.39 ⓖ。

1 開店前就有不少當地人等候著。**2** 週末限定的起司通心粉鬆餅$11。**3 4 5** 友善店員的接待令人不自覺露出微笑（全都是Ⓐ）。

Ⓐ Morning Glass Coffee+Café
モーニング・グラス・コーヒー・プラス・カフェ

従威基基開車 約20分

象徵Manoa的咖啡廳

身為星巴克創業元老的Eric，在移居夏威夷後開了這間新的咖啡廳。不僅選用STUMPTOWN的咖啡豆，還有不少僅在週末供應的早午餐餐點，已經養出了不少粉絲，也有不少當地的回頭客。最棒的是，店員友善的待客態度給人感覺十分愉悅，讓人想專程離開威基基去一趟。

MAP P.180 D-2 ☎ 808-673-0065 🏠 2955 E.Manoa Rd.
⊙ 7:00~16:00（週六~15:30）🔒 週日 ♀ Manoa Rd.上

Best time :

14:00

別只是「順便去」，值得專程前往的3間咖啡廳

為你精選不同區域的必去咖啡廳

威基基郊外有不少對豆子品質很要求、對自己的咖啡引以為傲的咖啡廳。更棒的是店內空間讓人可以好好放鬆，最適合午後的片刻時光。

★ ★ ★ Morning Glass Coffee＋Café和ARVO週末時比較早打烊，出門時記得注意時間。

  印有棕櫚樹的杯子超可愛！煙燻鮭魚吐司$8.50、拿鐵$5©。 一手拿著素食甜點，坐在戶外座位區稍作休息ⓑ。

© ARVO
アルボ

約15分

到澳大利亞式的咖啡廳放鬆一下

店名取自澳洲俚語「Good Arvo」，意思是午後的悠閒氣氛。而店裡就如同他們取的名字，環境非常舒服。放上嬌嫩花朵的開放式三明治，不光是外觀可愛，味道也很棒。杯子設計十分有夏威夷風格，而咖啡則使用SIGHT GALSS的豆子，入口溫順卻能感受到強勁的風味。

(MAP) P.183 C-5 ⌂ 675 Auahi St. ⊙ 8:30〜15:00（週六、日8:30〜14:00） 🔒 全年無休 ♀ Auahi St.上，PAIKO內

ⓑ Island Brew Coffeehouse
アイランド・ブリュー・コーヒーハウス

約30分

祥和的碼頭景象正符合Hawaii Kai的印象

位於Hawaii Kai的咖啡廳，可以越過碼頭眺望可可頭火山。這裡的咖啡豆為100%夏威夷產，拿鐵所使用的牛奶也是有機牛奶。餐點部分同樣盡可能使用在地和有機的食材，對每個細節都十分要求。他們使用的豆子皆是每週於鄰近的烘焙廠所烘製，所以最關鍵的咖啡味道也無可挑剔。店裡常常坐滿了追求健康生活的當地人。

(MAP) P.178 F-5 ☎ 808-394-8770 ⌂ 377 Keahole St. ⊙ 6:00〜18:00（週六、日〜20:00） 🔒 全年無休 ♀ Hawaii Kai Shopping Center內

095

Best time :

15：00

品味無懈可擊，100分。

絕對不會踩到地雷的雜貨店四大天王

品味十足的小物，讓你在回國後依然能想起夏威夷的種種。如果想要高效率尋找小物的話，
只要逛這4間店就OK。還可以找到當地的藝術家創作的作品喔。

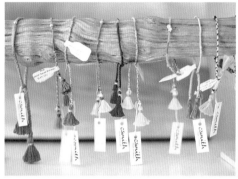

Ⓑ Diamond Head Beach House
ダイヤモンド・ヘッド・ビーチ・ハウス

宛如誤闖衝浪女孩的房間

店如其名，光是如同海邊小屋的外觀
就激發少女心的選貨店。店裡有許多
不會過度甜美，卻留下滿滿夏威夷風
情的雜貨和飾品。

(MAP) P.180 E-4
☎ 808-737-8667
🏠 3128 B Monsarrat Ave.
🕘 9:00～17:00
　（週日～15:00）　🔒 全年無休
📍 從威基基開車前往約7分鐘
　〔Monsarrat〕

Ⓐ Owens&Co.
オーウェンズ

市中心的時髦雜貨店

囊括了各種獨特裝飾小物、飾品、香
氛，在當地時髦女孩之間十分出名的
一間店。在地設計師的作品可以當作
給自己的伴手禮。

(MAP) P.183 A-2
☎ 808-531-4300
🏠 1152 Nuuanu Ave.
🕘 10:00～18:00
　（週六11:00～16:00）
🔒 週日　📍 從威基基開車前往約
20分鐘〔Downtown〕

Ⓓ SoHa Living Kailua
ソーハ・リビング・カイルア

充滿海灘風情的小東西♡

Kahala Mall超人氣商店的分店。商
品包含貝殼製作的古物和印有海洋
圖案的靠枕等，是自然風格、海洋情
調雜貨的寶庫！也有一些凱盧阿分店
的限定商品喔。

(MAP) P.178 E-2
☎ 808-772-4805
🏠 539 Kailua Rd.
🕘 9:00～19:00
🔒 全年無休
📍 從威基基開車前往約30分鐘
　〔Kailua〕

Ⓒ Sugarcane
シュガーケーン

陳舊卻典雅的生活雜貨店

不僅有成熟兼具可愛的雜貨，還有來
自世界各地的古物小物，店內商品充
滿了女性會喜歡的各種商品。還可
以找到在地藝術家的作品等稀有商品
喔。

(MAP) P.181 B-1
☎ 808-739-2263
🏠 1137 11th Ave.
🕘 10:30～18:00
🔒 全年無休
📍 從威基基開車前往約15分鐘
　〔Waialae〕

★★★ 如果到SoHa Living Kailua，一定要找看以Lanikai Beach為主題所創作的商品，那些都是這間店的原創商品。

IN THE *Afternoon* (14:00-18:00)

巧妙融合了店家Logo的原創馬克杯，中性的設計十分吸引人。
$16Ⓑ

隨意且可愛的冰棒造型別針越看越喜歡，小小一個卻存在感十足。
$10.95Ⓐ

較樸素的設計，感覺可以增添家中夏威夷元素的枕頭套 一個$38Ⓒ

感覺不太可能出現於現實世界的圖案設計很可愛！ALOHA、HAWAII玻璃杯4個$60Ⓑ。

放假時可以帶出門的棕櫚樹圖案手拿包。背後還印有ALOHA的字樣！$59Ⓑ

Puka Shell & Pikake的擴香竹。還有其他凱盧阿店限定的香氣種類。$54.80Ⓓ

簡單但滿滿夏威夷味道的ALOHA Logo玻璃杯4個$60Ⓑ。

據稱有驅蚊效果的檸檬草香氛蠟燭，可愛的設計讓人捨不得用。大$40、小$17Ⓑ

在地品牌JANA LAM的化妝包，每一件的圖案皆為手工印製。$38Ⓐ

懷舊可愛的復古小物。每次去逛都很期待發現什麼。玻璃杯$18Ⓒ

圓嘟嘟的設計鑰匙圈，鳳梨型$8、棕櫚樹型$8Ⓑ。

刨冰配色的布巾，感覺可以增加在廚房做事時的樂趣。還有其他款式，種類豐富。$18Ⓐ

夏威夷品牌Bitty bambu的廚房布巾。南國風情的圖案十分可愛。$13Ⓒ

Pieces of Me的ALOHA Logo布包。適合當作零錢包或眼鏡盒。$24Ⓒ

用來裝單瓶紅酒的紅酒提袋，上面也印著「ALOHA」的字樣，添了一份夏威夷色彩！$16Ⓒ

Best time :

13:00

添購傍晚的點心。
早上爬不起來的人可以逛逛
威基基周邊的FM

eat eat!

如果肚子有點餓，推薦買The Pig & the Lady的河粉或是Guava Smoked的Plate Lunch！

雖然有點粗魯，但很快樂！
前往現買現吃的天堂

現在幾乎每天都有地方會舉辦FM（農民市集Farmer Market）。如果早上爬不起來的人，可以考慮從威基基也

很方便前往的黃昏農民市集。到擁有許多話題美食攤販的檀香山FM填飽肚子是個不錯的選擇，到威基基FM補充糖分也不賴。黃昏農民市集的商品都十分符合這個時段的需求。

IN THE
Afternoon (14:00-18:00)

Wednesday **16:00-19:00**

Honolulu Farmers' Market
ホノルル・ファーマーズ・マーケット

當地人下班後的好去處！
Ward區北部的市集。規模雖小，但由於地點關係，有不少客人都是下班後過來逛逛，充滿了在地氣息。市集中的有機新鮮蔬菜和食物琳瑯滿目。
(MAP) P.182 D-3
☎ 808-848-2074
🏠 777 Ward Ave.
📍 Neal S. Blaisdell Center的停車場、草皮廊。從威基基開車前往約12分鐘
〔Ward〕

★ ★ ★　夏威夷禁止使用塑膠袋，所以出門買東西時一定要自備環保購物袋喔。

Tuesday 16:00-19:00
KCC Tuesday Farmers' Market
KCCチューズデー・ファーマーズ・マーケット

比週六更能慢慢逛！
KCC雖然總是有人山人海的觀光客，但週二傍晚開市的市場則帶有恬靜的氣氛。雖然只有10～12個攤位，比週六的規模還小，但由於不用排隊，也因此有了些新發現。

(MAP) P.180 E-4
☎ 808-848-2074
🏠 4303 Diamond Head Rd.
📍讚石頭山登山口前、Kapi'olani Community College內。
從威基基開車前往約10分鐘

Bryond Burgers的漢堡 $8。藍乳酪的風味和甜甜辣辣的醬料十分搭調。

使用Kiawe柴火的窯烤披薩瑪格麗特披薩 $14。

椰子風味的西米布丁加上現切水果。$2

Bread of Life的Malasada內餡有卡士達醬口味和芭樂醬口味。一個 $1.75～

Tuesday & Thursday 16:00-20:00
Waikiki Farmers Market
ワイキキ ファーマーズマーケット

交通超便利的威基中心！
現身於Hyatt Regency中庭的市集。有很多可以現買現吃的東西，如甜點和現切水果，也推薦大家買一些回飯店當宵夜或隔天的早餐。

(MAP) P.186 D-3
☎ 808-923-1234
🏠 Hyatt Regency Waikiki Beach Resort&Spa內

Best time :

16:00 想早一點吃晚餐時，充分利用 *Happy Hour*

不光划算，還能獲得額外好康。

如果想在不上不下的時間吃正餐，建議瞄準Happy Hour。難得來到夏威夷，座位當然要挑選景色優美的位置。

Happy Hour ♥
15:00-17:00

Diamond Head × RumFire
ラムファイヤー

「這就是威基基！」的
美景與蘭姆酒調酒

面海的餐廳兼酒吧，Happy Hour期間可以坐在任何座位，所以就讓我們挑選一個能眺望鑽石頭山的位子，舉杯享受吧。這種夏威夷享樂方法最棒了。

RumFire
(MAP) P.187 B-4　☎ 808-921-4600
🏠 Sheraton Waikiki 1樓
🕐 11:30~凌晨0:00（週五、六11:30~凌晨1:30）🔓 全年無休

（右起）嫩燻豬（Kalua Pork）玉米片$17、RumFire韓式泡菜炒飯$12、帶有萊姆風味的薑汁啤酒JIM BEAM 'FIRE' MULE $5。

Happy Hour ♥
15:00-18:00
21:00-23:00

SUNSET × Waiolu Ocean Cuisine
ワイオル・オーシャン・キュイジーヌ

先預約好指定座位再出發

雖然他們的海鮮料理很受歡迎，但更棒的是這個地方的景色！從白天的湛藍海洋，到傍晚的落日，甚至夜晚街道的燈火，可以享受隨時間推移而變化的不同景色。

Waiolu Ocean Cuisine
(MAP) P.187 A-4　☎ 808-683-7456
🏠 Trump International Hotel Waikiki內
🕐 11:00~23:00
🔓 全年無休

15:00~18:00點的餐點。（右起）鳳梨蔬果汁$9、毛豆泥$10、勁辣泰式雞翅$10。

★★★ Waiolu Ocean Cuisine還有Late Night Happy Hour。握壽司和牡蠣直接打五折！

Happy Hour ♥
16:00-19:00

AMC Shopping × Mai Tai Bar
マイタイ・バー

帶著微微酒意逛購物中心？

買東西買累了，可以到能感受到海風吹拂空間休息一下。這裡不僅有划算的酒精飲品，如啤酒$3、雞尾酒$5～，還有供應10種左右的Happy Hour餐點。價格分成$6、$7、$8三種。

Mai Tai Bar
→P.53

（右起）Happy Hour期間的雞尾酒$5、花枝圈$6、瑞可達起司麵餅$7。

Happy Hour ♥
11:00-18:30

Waikiki Shopping × Wolfgang's Steakhouse
ウルフギャング・ステーキハウス

輕鬆推開高級牛排店的大門

因熟成牛排大受歡迎，總是座無虛席的餐廳，唯有在吧檯區會特別開放Happy Hour。餐點包含闊氣切下沙朗牛做成$7的迷你漢堡，跟晚餐時段的價格比起來實在太划算了。

Wolfgang's Steakhouse
→P.127

（右起）普切塔麵包加上Ahi Poke等食材的海鮮拼盤$10、馬丁尼$7、牛排大到麵包都快夾不起來的沙朗小漢堡$7。

Best time:
17:00

這些全部買起來。怎麼這麼可愛！$5以下的伴手禮

想著重要的人，找尋有質感的禮物

伴手禮自然不能買太貴，「實用」更是挑選時的基本原則。

首先小物類的禮品，比起陳腔濫調的禮品店，不如到喜歡的服飾店把搜索雷達開到最大。你一定會在意外的地方，發現一件又一件店家「logo商品之類的好東西。不知道買什麼好的時候，就選擇天然香皂吧。這些可愛得讓人忍不住衝動購物的香皂，絕對不會出問題。

食物類的話，可選隨身包裝的咖啡和粉狀食品。這些東西較為輕巧，適合買來送人。

MY LIFE MAY NOT BE PERFECT, BUT MY NAILS ARE

1 〇 各$3
2 〇 $1.99
3 〇 各$3.99
12 〇 $5
11 〇 $0.50

衝動購物超棒！
Goods
· 小物 ·

4 〇 各$3
8 〇 各$5.80
10 〇 $2
9 〇 各$3.49
7 〇 $3.50
5 〇 各$1
6 〇 3塊$11.99

1 指甲銼3個$8 F／2 ALOHA花紋的迷你化妝包 E／3 每把感覺都不同的飯勺 E／4 五顏六色的髮圈 J／5 Waialua店限定的樣品皂 B／6 KULA HERBS香皂 G／7 夏威夷產香皂（迷你尺寸）L／8 木板磁鐵 D／9 Hawaiian Bath & Body與Whole Foods的聯名商品 G／10 時髦商店的最便宜禮品！H／11 畫了夏威夷蔬糖罐的貼紙 L／12 印度風小盒子 I／13 可以替沙拉增添南國風情 C／14 用即丟的蜂蜜8條一包，十分方便 G／15 奶油也這麼可愛！G／16 馬上做出肉醬！C／17 可以現場試喝的咖啡 A／18 Tinyisle的松露巧克力 K／19 知名的餅乾也可以分開買 K／20 即溶椰奶粉包 C／21 迷你尺寸的Ohia Lehua花蜜 G／22 話梅粉 G

Grandpa Mui's All Natural **White Li Hing Mui Powder**

All Natural_No Aspartame. No Natural or Artificial Color

22 ○$4.99○

HAWAIIAN HULA DRESSING®
LOW CALORIE PAPAYA SEED DRESSING MIX

13 ○$2.29○

wild friends
CHOCOLATE COCONUT PEANUT BUTTER
NET WT. 1.15 OZ (32g)

wild friends
ORGANIC HONEY INFLOWER BUTTER
NET WT. 1.15 OZ (32g)

14 ○$2.99○

15 ○ 各$1.39～○

21 ○$3.69○

GATHERED BY MANOA HONEY Co. Ohia Lehua

Pure Hawaiian Honey Sticks
HONUA HONEY
MACADAMIA BLOSSOM
Net Weight 1.4 oz/40 grams

不好吃就沒意義！

Foods
· 食品 ·

18 ○ 各$3.49○

tiny·isle SEA SALT TRUFFLE
tiny·isle KAVA TRUFFLE
tiny·isle SPICY KAVA TRUFFLE

BEST YET
homestyle **country** gravy mix

16 ○$2.29○

20 ○$2.70○

NOH LAIT DE COCO
COCONUT MILK FLAVOR BASE
ALL NATURAL

19 ○ 各$1○

17 ○$3.95○

Natural Dry Process
Single Cup Drip Bag System
OLD SUGAR MILL BRAND
100% PURE **WAIALUA COFFEE**
NET WT. 0.25 OZ. (7g)

Ⓐ Waialua Sugar Mill ワイアルア・シュガーミル 【MAP】P.179 C-2　☎ 808-637-2624　🏠 67-106 Kealohanui St.　🕘 9:00～17:00（週六8:30～12:00）　🔒 全年無休　♀ 從威基開車前往約60分鐘（Waialua）　Ⓑ North Shore Soap Factory ノース・ショア・ソープ・ファクトリー 【MAP】P.179 C-2　☎ 808-637-8400　🏠 67-106 Kealohanui St.　🕘 9:00～18:00（週日10:00～17:00）　🔒 全年無休　♀ 從威基開車前往約60分鐘（Waialua）　Ⓒ Food Pantry フード　パントリー 【MAP】P.186 D-2　☎ 808-923-9831　🏠 2370 Kuhio Ave.　🕘 6:00～凌晨1:00（酒品供應～23:45）　🔒 全年無休　♀ Kuhio Ave.上　Ⓓ SoHa Living Kailua ソーハ・リビング・カイルア→P.96　Ⓔ ABC Store#38 ABCストア38号店→P.18　Ⓕ Bliss Closet Hawaii ブリス・クローゼット・ハワイ→P.37　Ⓖ Whole Foods Market ホールフーズ・マーケット→P.74　Ⓗ Olive Boutique オリーブ・ブティック→P.148　Ⓘ Island Bungalow アイランド・バンガロー→P.149　Ⓙ Diamond Head Beach House ダイヤモンド・ヘッド・ビーチ・ハウス →P.96　Ⓚ Honolulu Cookie Company ホノルル・クッキー・カンパニー→P.93　Ⓛ Down to Earth ダウン・トゥ・アース→P.63

Best time :

17:00

做好行李超重心理準備的大人買法。

ANTHROPOLOGIE 的
花紋精品超可愛

代表ANTHROPOLOGIE
的花紋盤子$14。

有腳的糖罐＆奶油杯套組
$32。

感覺會出現在童話中的茶壺
$58。

附24張食譜小卡的食譜盒
$38。

每季都會推出不同設計的動
物圖案餐盤$16。

盛裝前菜時用的湯匙$10～

光看包裝就想買下來的平價
唇膏。一支$12

藍色的枕頭套，旁邊的流蘇
是亮點。$88

可以增加室內華麗程度的枕
頭套$78。

ANTHROPOLOGIE
アンソロポロジー

店內陳設可作為房間布置的範本
1992年於美國賓州創立的生活用品品
牌，商品設計多以花卉和動物等令人能
就近感受自然風情的元素為主題，品項
十分豐富。

MAP P.182 F-4 ☎ 808-946-6302
🏠 Ala Moana Center 3樓
🕘 9:30～21:00（週日10:00～19:00）
🔒 全年無休

**每一季都能添購
色彩鮮豔的廚房用品**

在店面數超過350間的阿
拉莫阿那中心裡，讓人待最久
的就是這一間了。各類織品和
化妝品、生活起居用品等商品
一應俱全的**生活風格百貨**。其
中廚房用品更是可愛，很多餐
具像動物圖案的盤子具有視覺
衝擊力卻不失溫暖，就算作菜
時小小偷懶，還是可以將餐桌
點綴得很華麗，簡直是我最好
的幫手。店內販售很多餐具等
重量級商品，所以要回飯店前
再買。

要選在剛開店的時刻

既然難得前往海邊的餐廳，當然要挑日落前的開店時刻馬上上門。品嘗著人間美味，眺望著天空的變化，簡直再享受不過了。

別緻且充滿濃濃夏威夷風情的店景。所有座位都能看得到海。

（右起）胡蘿蔔蘋冷湯$12、焦香烤章魚$19、炸Moi（白肉魚）$38、嫩煎干貝$18。

Hoku's
ホクズ

新鮮食材化身為華麗的一盤佳餚

Kahala Hotel的主餐廳，餐廳核心理念為打造全球化的夏威夷特色料理。主廚Eric Oto使用了豐富的在地食材，變出許多極具創作性質的料理。來這裡特別要點使用了鮮魚的料理！配著一刻刻染紅的天色，好好享受美麗的料理吧。

 P.180 F-3　☎ 808-739-8760
🏠 The Kahala Hotel & Resort 大廳樓層
🕐 17:30～21:30、週日早午餐9:00～15:00
🔓 全年無休

★ ★ ★ Hoku's雖然可以預約，但無法指定座位。如果想坐窗邊座位的話，瞄準開店時刻前往吧。

Best time :

最佳座位先搶先贏！

17:00 海景晚餐

眺望Ala Wai Harbor。從早餐到晚餐都能享受到自助式料理。

使用夏威夷島產牛肉的肋眼牛排$35，濃縮了所有美味成分。

100 SAILS RESTAURANT & BAR

ワンハンドレッド セイルズ レストラン バー

港口風光×夕陽美景

開闊感十足的一間餐廳。可以越過大大的窗戶看見港口遠方的日落，還能品嘗到主廚Joseph Amoguera的各道特色料理。晚間時段的自助餐雖然很受歡迎，不過單點菜單上各項使用了在地食材的創意餐點也毫不遜色。另外在吧檯區可以享受到比較輕鬆的咖啡菜單。

MAP P.185 A-5　☎ 808-956-1111　⌂ 100 Holomoana St.
🕐 週一～六6:00～10:30、週日～10:00（早餐）、每天11:30～13:30（午餐）、週日10:30～13:30（早午餐）、晚間自助餐17:30～21:30、酒吧區11:00～22:00、週五、六11:00～23:00
🔒 全年無休　♀ Prince Waikiki內

真材實料的新鮮水果

4.「Let Them Eat Cupcakes」的
杯子蛋糕

店內裝潢十分少女，架上擺著6～
7種杯子蛋糕，每天都不一樣。不
僅外觀可愛，清雅的甜味也是一大
特色。$2.75～

1.「Henry's Place」的
雪酪＆冰淇淋

冰淇淋杯子上寫的RL意思是Real
& Delicious！也就是他們的品牌
核心理念。雪酪可以品嘗到水果本
身的風味。$5.50

3.「Cake Works」的
法式馬卡龍

販售20種以上法式馬卡龍以
及杯子蛋糕、閃電泡芙。每天
現烤的馬卡龍不會太甜，易於
入口。各色馬卡龍擺在一起所
形成的漸層也很可愛。
一個$2

MY BEST 點心

MY BEST
Sweets

無論是流行甜點還是傳統甜點，
夏威夷的甜點不僅好吃，外觀的
可愛程度也非比尋常。

1. **Henry's Place**
高橋果實店
→P.43

2. **Kulu Kulu**
クルクル
(MAP) P.185 B-4
☎ 808-931-0506
🏠 438 Hobron Ln.#102
🕘 8:30～19:00
🔒 全年無休
📍 Waikiki Eaton Square內

3. **Cake Works**
ケーキ・ワークス
(MAP) P.184 D-1
☎ 808-946-4333
🏠 2820 S. King St.
🕘 9:00～18:00（週日、一～
17:00、週五、六～19:00）
🔒 全年無休
📍 S King St.上

4. **Let Them Eat Cupcakes**
レット・ゼム・イート・
カップケークス
(MAP) P.183 B-3
☎ 808-531-2253
🏠 1088 Bishop St.
🕘 11:00～16:00
🔒 週一
※週六、日只接受預約客
📍 從威基基開車前往約20分鐘
〔Downtown〕

5. **Pierre Marcolini**
ビエール・マルコリーニ
(MAP) P.182 F-4
☎ 808-951-0456
🏠 Ala Moana Center 3樓
🕘 9:30～21:00（週日10:00～
19:00）🔒 全年無休

5.「Pierre Marcolini」的
Cacao Bowl

濃郁!!

可以品嘗到濃濃巧克力味
的Cacao Bowl，是夏威
夷限定的商品。烘烤過的
可可豆與穀麥讓口感與風
味更上一層樓。$9.50

以「日本街上的蛋糕店」為概
念所開設的甜點屋。日本人
非常熟悉的那種不會太甜的味
道，深受當地居民喜愛，而且
彩虹夷的蛋糕超級適合拿來拍
照打卡。$4.25

2.「Kulu Kulu」的
彩虹蛋糕

108

代表南國的雪酪三明治‼

8.「Beachwalk Cafe」的
可頌雪酪 & 馬卡龍

用火龍果和芒果等南國水果做成
的雪酪口感綿密、風味濃厚！La
Tour的馬卡龍也是好吃得無可
挑剔。可頌雪酪$8.25、馬卡龍
一個$2.30

6.「Otto Cake」的
起司蛋糕

每天會從多達100種的創意蛋糕中
挑出幾種來販售的起司蛋糕專賣
店。在濃郁的味道中，可以感覺到
墨西哥萊姆清爽的酸在口中擴散開
來。$5

媽媽的
祖傳秘方♥

10.「ARVO」的
奇亞籽布丁

抹茶＋奇亞籽
好吃又健康

這朵小花也能吃！

濃濃的抹茶醬和水果搭起來
意外地合適！奇亞籽的口感
也很有趣，而ARVO特有
的裝飾花朵也很可愛。（可
以吃！）$8

9.「'Ai Love Nalo」的
Poi-fect 聖代

當季水果加上Poi（芋泥）
和自製穀麥、椰肉的夏威夷
風聖代。吃了就能從彩虹
般繽紛的色彩獲得能量。
$7.65（16oz）

這個全熟木瓜發揮了
很棒的效果！

6.Otto Cake
オットー・ケーキ
MAP P.181 B-2
☎ 808-834-6886
🏠 1127 12th Ave.
⊙ 10:00～21:00（週日～
17:00）🔒 全年無休
📍 從威基基開車前往
約15分鐘〔Waialae〕

7.Via Gelato
ヴィア・ジェラート
MAP P.181 B-1
☎ 808-732-2800
🏠 1142 12th Ave.
⊙ 11:00～22:00（週五、
六～23:00）🔒 全年無休
📍 從威基基開車前往
約15分鐘〔Waialae〕

8.Beachwalk Cafe
ビーチウォーク・カフェ
→P.43

9.'Ai Love Nalo
アイ・ラブ・ナロ
→P.56

10.ARVO
アルボ
→P.95

甜筒也要
自己做的♥

7.「Via Gelato」的
義式冰淇淋

跟在地農民進貨，以夏威
夷產原料製成的義式冰淇
淋。店內固定有販售12
種口味，他們自製的甜
筒也很棒♥甜筒（keiki
Size）$4.80～

飯店製作的
高品質

MY BEST
Malasada

源自葡萄牙的炸甜甜圈，如今已是足以
代表夏威夷甜點的存在！
一定要嘗嘗剛炸好時的酥脆口感。

在這裡當然要買
一打原創的口味

Yummy!!

3.「Plumeria Beach House」
的 Kahala-sada

早餐菜單中的飯店製Malasada，
最晚只要在3天前訂購就可以外
帶。撒上很有夏威夷味道的話梅粉
$3，此外也有加了椰子醬的口味
$4。

1.「Leonard's Bakery」的
Malasada

客人絡繹不絕的超人氣名店。這
裡的Malasada內層鬆軟、外皮
酥脆得恰到好處，平衡的口感妙
不可言。還有加了不同果醬的口
味，但原味還是最棒！$1.25～

2.「Kamehameha Bakery」
的3種Malasada

4.「Pipeline Bakeshop & Creamery」
的經典 Malasada

店面的顏色讓人聯想到夏威夷海
洋，十分引人注目。一大塊具有視
覺衝擊力的Malasada，即便涼掉
了也很好吃，不過店家是接到單子
後才現炸，所以大家務必要趁剛炸好
時嘗嘗那酥脆口感。$1

聽說有些當地人為了
吃到可能上午就賣完
的Malasada，會等
著凌晨2點店一開就
上門。口味有Poi、
草莓，不過最好吃
的還是柳橙！一個
$0.95

1. Leonard's Bakery
レナーズ・ベーカリー
MAP P.184 E-1　☎ 808-737-5591
🏠 933 Kapahulu Ave.
🕐 5:30～22:00（週五、六～23:00）
🔒 全年無休　♀ Kapahulu Ave.和
Charles St.的交叉路口從威基基開車
前往約10分鐘〔Kapahulu〕

2. Kamehameha Bakery
カメハメハ・ベーカリー
MAP P.181 A-4
☎ 808-845-5831
🏠 1284 Kalani St.
🕐 2:00～16:00（週六、日
3:00～）　🔒 全年無休　♀ 從威基基
開車前往約20分鐘〔Kalihi〕

3. Plumeria Beach House
プルメリア・ビーチ・ハウス
→P.39

4. Pipeline Bakeshop
& Creamery
パイプライン・ベイクショップ
＆クリーマリー
MAP P.181 B-1
☎ 808-738-8200
🏠 3632 Waialae Ave.
🕐 7:00～21:00
（週日8:00～）
🔒 週一、二
♀ 從威基基開車前往
約15分鐘〔Waialae〕

2.「Monsarrat Ave. Shave Ice」的芒果

MY BEST

Shave Ice

近來最流行淋上新鮮水果糖漿的天然刨冰！
在街上散步途中可以涼快一下。

小屋裡的
可愛刨冰

坐落於Pioneer Saloon旁巷子裡的一間小店。每天親手製作的糖漿完全不使用色素。芒果（中份）$5。

1. Matsumoto Shave
マツモト・シェイブ・アイス
(MAP) P.179 B-5
☎ 808-637-4827
🏠 66-111 Kamehameha Hwy, #605
🕘 9:00～18:00
🔒 全年無休 ♀ 從威基
開車前往約70分鐘〔Haleiw

2. Monsarrat Ave. Shave Ice
モンサラット・アベニュー・シェイブアイス
(MAP) P.180 E-4
☎ 808-732-4001
🏠 3046 Monsarrat Ave.
🕘 11:00～20:00
🔒 全年無休 ♀ 從威基
開車前往約7分鐘〔Monsar

3. Waiola Shave Ice
ワイオラ・シェイブアイス
(MAP) P.184 E-2
☎ 808-735-8886
🏠 3113 Mokihana St.
🕘 10:00～17:45
（會隨季節調整）
🔒 全年無休 ♀ 從威基
開車前往約10分鐘〔Kapahu

4. Island Vintage Shave Ic
アイランド・ヴィンテージ・シェイブアイス
(MAP) P.187 B-3
☎ 808-922-5662
🏠 2233 Kalakaua Ave.
🕘 10:00～22:00
🔒 全年無休 ♀ Royal Hawaiian Center B館
1樓亭子B館1階

1.「Matsumoto Shave Ice」的彩虹刨冰

在哈雷伊瓦有60年以上歷史的元祖刨冰店。約有多達40種原創的糖漿口味，可依喜好挑選3種口味淋在冰上。雖然店家常常大排長龍，但還是應該吃一次看看。$3

3.「Waiola Shave Ice」的紅豆＋湯圓刨冰

品項超過40種的刨冰店。糖漿全為自製，最推薦嘗嘗紅豆和抹茶等和風的口味。$5.50

4.「Island Vintage Shave Ice」的刨冰

新鮮的水果
最好吃
100分滿分

最大的特點在於糖漿為新鮮水果製成。店內還有販售刨冰中加了有機霜凍優格的甜品。Super Island $7.85

位於威基基正中心，品嘗糖漿堅持自製的刨冰。配料十分豐富，包含有機霜淇淋、自製紅豆等。
小份 $4.75

冰冰涼涼
入口即化

TIPS + MEMO

事先預習好小撇步,有效率地購物。威基基周邊的特色活動也值得留意。

「$10以下的衣服與雜貨堆積如山!」
Ross Dress For Less

Ross Dress For Less
ロス・ドレス・フォー・レス
[MAP] P.182 D-4 ☎ 808-589-2275
🏠 333 Ward Ave.
⏰ 8:00~23:00(週五、六~23:30、週日8:30~22:30)
🔓 全年無休
📍 Ward Gateway Center內

BEST3 DISCOUNTPRICE

「打開購物開關前,先逛逛3大折扣商店」

如果想在購物時有「賺到了」的感覺,那就前往Ward Village的3間店——名牌鞋依尺寸排排擺好的「Nordstrom Rack」、生活雜貨和日用品便宜到跌破眾人眼鏡的「Ross Dress For Less」、還有最多能以百貨公司定價4折買到雜貨與人氣品牌服飾的「T.J.Maxx」。掌握每間店的特色,買下目標商品吧。

「有雜貨也有食品伴手禮!」
T.J.Maxx

T.J.Maxx
T.J.マックス
[MAP] P.182 E-5 ☎ 808-593-1820
🏠 1170 Auahi St.
⏰ 9:00~22:00(週日10:00~20:00)
🔓 全年無休
📍 Ward Village Shops內

「如果目標是高級品牌(尤其鞋子)」
Nordstrom Rack

Nordstrom Rack
ノードストローム・ラック
[MAP] P.182 E-5 ☎ 808-589-2060
🏠 1170 Auahi St.
⏰ 10:00~21:00(週五、六~22:00、週日10:00~19:00)
🔓 全年無休 📍 Ward Village Shops內

Point Card
「集點卡&會員卡 辦就對了」

懂得利用超市和百貨公司會員卡的人才是贏家!能以會員優惠價購買商品的Safeway、還有發行卡片讓消費者購物金額打9折的Macy's(需出示護照)等商家都非常吸引人。

Longs Drugs
ロングス・ドラッグス
→P.35

Safeway
セーフウェイ
[MAP] P.184 E-2

Macy's
メイシーズ
[MAP] P.182 F-4

Point!
當日發卡、當日即可使用,對觀光客來說實在是件開心的事。

john masters organics
「John Masters Organics 的問題在於哪裡買才最划算」

由於是美國本土的品牌,所以怎麼買都會比在日本買便宜。要買的話選擇可以便宜購買一整組的Belle Vie、或經常舉辦促銷活動的Whole Foods Market準沒錯。

Belle Vie → [MAP] P.187 B-2
Whole Foods Market →P.74

Segway

「超乎現實的景象好有趣♥
平衡車東奔西跑」

最受歡迎的路線是**鑽石頭山周邊**，費用$170（約2小時）。此外也有卡卡厄科藝術牆導覽行程，內容十分多元。這麼少見的景象，肯定會大大吸引街上行人的目光。

Segway of Hawaii
セグウェイ・オブ・ハワイ

MAP P.186 F-3
☎ 808- 941-3151
🏠 Waikiki Beach Marriott Resort & Spa 1樓
🕒 9:00〜17:00
※各項導覽時間不同
🔓 全年無休
預約／詳見官網預約資訊

WAIKIKI BEACH

「Waikiki Beach，購物、觀光、吃美食」

Waikiki Beach（→P.86）是世界數一數二的觀光景點，除了玩水之外還有許多樂趣。換上Sheraton Waikiki內部商店販賣的泳裝後，到皇家夏威夷中心旁的休息站買點冰涼的甜點。禮拜二、四、六晚上，Kuhio Beach的戶外舞台有**免費草裙舞秀**，絕對不能錯過。

Waikiki BeachBoy
ワイキキ・ビーチボーイ

MAP P.187 B-4
☎ 808-922-1823
🏠 Sheraton Waikiki 1樓
🕒 8:00〜22:00　🔓 全年無休

Bikini Beach Cafe
ビキニ・ビーチ・カフェ

MAP P.187 B-3
🏠 Royal Hawaiian Center C館1樓
🕒 10:00〜18:00　🔓 全年無休

Kuhio Beach Torch Lighting & Hula Show
クヒオ・ビーチ・トーチ・ライティング＆フラ・ショー

MAP P.186 E-3　🕒 18:30〜19:30
（冬季18:00〜）　🔓 週日、一、三、五、天候不佳時　$ 免費

⚠ CAUTION!

☑ 出乎意料地少……。
**免費Wi-Fi
跑哪去啦？**

租借Wi-Fi機當然是最好的方式，但如果你要網路只是為了簡單查個東西，那就可以考慮利用有免費Wi-Fi的地點。T Galleria和阿拉莫阿那中心全館都可以使用免費Wi-Fi，十分難得。

・T Galleria By DFS, Hawaii
MAP P.187 B-2
・Royal Hawaiian Center
（僅有2、3樓且使用時間2小時）
MAP P.187 B-3
・Ala Moana Center
→P.50

- -

☑ 退貨OK！
不過可能會退商品券

許多商家都接受商品售出後90天內憑收據辦理退貨，只要不是瑕疵品都沒問題。有些店家不會退還現金，而是該店專用的商品券，所以要看清楚退換貨條款喔。

---

price adjustments

「商品才剛買完就降價，
可以討回差額！」

如果一件商品的價錢在你買下後一定時間內降價的話，可以拿著收據跟店家討回差額。這種制度稱作「**Price Adjustments**」。知名品牌和百貨公司經常會有這種制度，不過每間店的具體退費條件不盡相同，記得仔細看看收據喔。

Must have!

「到夏威夷一定要帶信用卡！」

在夏威夷，只要用信用卡結帳就有機會獲得禮品、或是可以免費搭乘路面電車等等，好處多多。出門前記得先檢查每張卡片提供的回饋。

point!
刷卡風氣盛行的夏威夷社會，就連買1瓶水都可以刷卡結帳，十分便利，不必帶著一大把現金走來走去。

Free Refill

「如果打算待很久，
瞄準可以免費續杯的店家」

如果把觀光放一旁，想和朋友久聊的話，建議選擇有辦法免費續杯的店家。Wailana Coffee House可以免費續熱咖啡，而I HOP則是**所有無酒精飲料都無限暢飲**，十分大方！

・Café Lani Hawaii →P.34
・I HOP →P.18
・Wailana Coffee House →P.143

THE BUS
「搭乘THE BUS時
順便逛逛阿拉莫阿那中心」

要搭乘The Bus時會在阿拉莫阿那中心轉車，下車後可以進去逛逛。

What are you gonna do??

Night

18:00 - 21:00

欣賞壯觀的日落，飽覽美若奇蹟的晚霞後，夏威夷的夜晚正式宣告開始。你可以選擇最經典的過法，就是在威基基裡享受樂趣，但不妨也偶爾學學當地人，逛逛口碑盛傳的景點吧？

Best time :

18：00

這一瞬間就是整天下來最大的活動。

美如奇蹟的日落，

今 天 要 到 哪 觀 賞 ？

任何表演都無法比擬的
絢爛天色

夏天約是晚間7點左右，冬天則是傍晚6點前。這個時刻開始，無論當地人還是觀光客都開始蠢蠢欲動了。大家都是為了在最好的狀態下迎接日落這個盛大的活動，替一天畫下句點。

如果身在夏威夷，平常就可以看見這種說是「奇蹟」也不為過的美麗日落。之所以每天看都不會膩，是因為每一天，天空都會展現不一樣的面貌。

比方說，夏威夷島的基拉韋亞火山（Kīlauea）噴出較多火山煙霧（VOG）時，大氣中就會漂浮著火山灰，令日落的顏色變得更加鮮紅、更艷麗。當夕陽完全沒入海平面的瞬間所發出的綠色光芒「日落綠閃」，則必須滿足空氣乾淨這個最基本條件才有機會出現，十分難得一見。有人還說

★★★ 週五夜晚有場坐船觀賞Hilton飯店煙火的導覽行程（$50、19:00～20:00※時間會隨季節調整）。

PATTERN.1
一手端著雞尾酒
來場Catamarann巡航

不選擇豪華郵輪，而是搭乘相對輕鬆的雙體船（Catamarann），可以感受海風吹拂，非常舒適。聽著美國風背景音樂，從不同於以往的角度遠眺鑽石頭山，對著夕陽舉杯！

Holokai Catamaran
ホロカイ・カタマラン

和歡樂的船員們享受90分鐘船上之旅

航向威基基近海的90分鐘，你可以搭配原創雞尾酒等無限暢飲的飲料，和快快樂樂的船員們一起度過難得的船上時光。

MAP P.187 B-5　☎ 808-922-2210
🏠 從Halekulani Hotel前的Waikiki Beach出航
🕐 17:00～18:30（隨季節調整）
🔒 全年無休
$ $55　預約／請上官網HP（sailholokai.com）

看到日落綠閃的人就會獲得幸福呢。

今天會目睹什麼樣的奇蹟呢？大家可以抱著對這一剎那的期待，搭上雙體船前往近海、或參加戶外瑜珈調整心靈，出發追尋自己心目中「最佳的日落」。

PATTERN.2

週末特殊活動 ♡ BBQ＆LIVE

這間知名咖啡廳坐落於海灘前的絕佳位置，一到週五＆週六的夜晚更搖身一變成提供微豪華BBQ的餐館。在主餐烤好前，可以先到自助區選擇副餐。還可以享受以落日為背景的現場演奏，感覺特別不一樣！

Barefoot Beach Café
ベアフット・ビーチ・カフェ

(MAP) P.180 E-5
☎ 808-924-2233
🏠 2699 Kalakaua Ave.
🕐 7:00～20:30
🔒 全年無休　📍 Kapiolani Park前

週五、六限定的BBQ自助餐餐點，牛排$24、Ahi $26。

BBQ自助餐供應時段為週五、六17:30～20:30。週五的19:45以後還可以欣賞煙火秀。

PATTERN.3

HoloHolo散步 ＠ Kapiolani Park

在海上欣賞日落雖然不錯，不過在卡波拉尼公園的時光也總是十分祥和。你可以遠眺夕陽照射下陰影漸濃的鑽石頭山，或陶醉於穿過榕樹灑下的夕陽光輝，甚至還能感受到神聖莊嚴的氣氛呢。

Kapiolani Park
卡波拉尼公園

(MAP) P.184 F-5
🏠 3840 Paki Ave.
📍 Paki Ave.上

落日照耀下到鑽石頭山，比白天更壯麗。

日落前，越來越多當地人聚集到卡波拉尼公園靠海的一邊。

★★★ 11月的日落時刻約在傍晚6點前，7月則要到晚上7點後，最大會差到1個半小時。記得事先確認喔。（ →P.44 ）

PATTERN.4

無與倫比的放鬆
S U N S E T   Y O G A

一天將盡之際，就用瑜珈來收尾。望著在夕陽照耀
下波光粼粼的海面，赤腳踩在大地上，反覆深呼
吸。雖然課程都是講英語，但沒什麼高難度動作，
所以新手也可以參加。

Beach Sunset Yoga Hawaii
ビーチ・サンセット・ヨガ・ハワイ

MAP P.180 E-5 ☎ 619-537-6155
⌂ 2735 Kalakaua Ave.
🕐 17:30〜18:45（隨季節調整，請上官網確認。）
🔓 幾乎全年無休※詳情請上官網確認 💲 $20
📍 Barefoot Beach Café和Waikiki Aquarium間的草皮
預約／官網HP（www.sunsetyogahawaii.com）
或電子郵件 kl@sunsetyogahawaii.com
需攜帶／水、瑜珈墊或較大的沙灘巾

什麼都好吃。

到在地人鍾情不已的餐廳，來一頓悠閒的晚餐

（上）舒適的戶外座位區。（左下）做了變化的夏威夷傳統宴席料理Luau。Grilled He'e（烤章魚）$16、甜菜根Poke $9。

Mud Hen Water
マッド・ヘン・ウォーター

居酒屋風格的摩登夏威夷料理

主廚Ed Kenney是讓許多以夏威夷在地食材為主的餐廳接二連三聲名大噪的背後功臣，而這間餐廳提供的餐點為創新的傳統料理，可以抱著到居酒屋吃飯的輕鬆心情享用。

[MAP] P.181 A-1　☎ 808-737-6000
🏠 3452 Waialae Ave.
🕐 17:30～20:30
　（週六、日9:30～12:00、17:30～21:30）
🔒 週一
📍 從威基基開車前往約15分鐘〔Waialae〕

偶爾吃一頓豪華晚餐是還不賴，不過樸素的晚餐也很令人心情平靜。但樸素歸樸素，這些店的主廚身上可都掛著星星，完全不需要擔心味道。

⭐⭐⭐ Mud Hen Water所使用的魚、肉、蔬菜幾乎都是在地生產。只要讀取菜單上的QR Code就可以看見原物料來源。

120

The Food Company Cafe

ザ・フード・カンパニー・カフェ

充滿特色的夏威夷菜餚

曾到泰國與加州納帕深造的主廚 Jason Kiyota揉合歐洲以及東南亞的元素，創造出一道道獨創的料理。店面雖然位於一間離凱盧阿中心地帶有段距離的購物中心，但非常有專程上門的價值！

(MAP) P.178 E-4 ☎ 808-230-2333
🏠 1020 Keolu Dr. ⏰ 11:00～15:00、17:30～20:30 🔒 週日、一 ♥ Enchanted Lake Shopping Center內。從威基基開車前往約40分鐘〔Kailua〕

發揮食材本身優點的義大利麵、焗烤Kona鮑魚時價，還有賣相奢華的沙拉。

Uncle Bo's

アンクル・ボーズ

2號店也於哈雷伊瓦開張

這間店的核心理念為「以PUPU（小菜）的風格享用亞太料理」，但每一道PUPU都很大一盤！人氣旺到一開店就幾乎坐滿了客人。

(MAP) P.184 F-3
☎ 808-735-8310
🏠 559 Kapahulu Ave.
⏰ 17:00～凌晨1:00（餐點最後點單23:45）🔒 全年無休
♥ 從威基基開車前往約7分鐘〔Kapahulu〕

有香草香氣點綴的章魚普切切塔$12。搭配有機葡萄酒享用。

其他頁刊載的好口碑餐廳也不容錯過

Livestock Tavern
ライブストック・タバーン
→P.48

Grondin
グロンディン
→P.68

The Pig & The Lady
ザ・ビッグ・アンド・ザ・レディ
→P.48

附香蒜起司吐司的Boca-Rota $16.95、海鮮餐點S.O.S. $31.95、泰式蒸蛤蜊$18.95。

12th Ave Grill

12thアベニュー・グリル

日本人也為之著迷的美式料理

曾多次進入Hale 'Aina Awards排行的美式餐酒館。即使是起司通心麵這種垃圾食物，在主廚Kevin Hanney的好手藝之下也能馬上變成一道高級美食！

(MAP) P.181 B-2 ☎ 808-732-9469
🏠 1120 12th Ave. ⏰ 17:30～21:30
（週五、六～22:00，週日17:00～21:00）
🔒 全年無休
♥ 從威基基開車前往約15分鐘〔Waialae〕

Best time :

9:00

熱騰騰的讓餐點好吃100倍！

移民文化孕育出的
多國籍料理 令人為之讚嘆

正因為夏威夷的多元人種自然融合在一塊，所以各國特色的料理也都具有不輸給原生的品質。如果吃膩了美式料理，就別再猶豫，馬上尋找異國料理吧。

IN THE *Night* (18:00-21:00)

🇹🇼 Sweet Home Cafe
スイート・ホーム・カフェ

一定會排隊！深受在地人歡迎的台式火鍋

湯底和火鍋料都可以自由選擇的台式火鍋店。湯底共有海鮮和牛骨、咖哩、藥膳等10種以上，可以選擇喜歡的1～2種湯底。海鮮、蔬菜等肉類以外的料可以自行從冰箱拿取，不同顏色的盤子代表不同價格。而沾醬也採取自行調配的方式，可以享受許多種不同口味。正餐吃完之後，還有免費的巨無霸冰沙可以吃！這間店不接受訂位，用餐時間90分鐘，但我保證各位一定會吃得十分熱鬧。

(MAP) P.185 B-1
☎ 808-947-3707
🏠 2334 S.King St.
🕐 16:00～23:00（最後點單22:00）
🔓 全年無休　📍 從威基基開車前往約10分鐘〔Moiliili〕

小份螃蟹咖哩 $19.95、青木瓜沙拉 $9.50、炸蝦 $13.95，每一道都是店家推薦餐點。

★ BacNam
バクナム

我所吃過最好吃的螃蟹咖哩

餐點全都出自越法混血老闆娘的獨門食譜。他們將越南料理做了些變化好符合夏威夷的氣候。尤其是這道螃蟹咖哩，是越南沒有的夏威夷獨門料理。

(MAP) P.182 E-2
☎ 808-597-8201　🏠 1117 S.King St.
🕐 11:00～14:30、17:00～21:00
🔓 週日
📍 從威基基開車前往約10分鐘〔Ala Moana〕

★★★ Sweet Home Cafe在威基基開了分店，變得比以前更容易吃到了。

🇲🇽 OMG-Oahu Mexican Grill
オアフ・メキシカン・グリル

海景墨西哥高品質料理

這間墨西哥餐廳由來自聖地牙哥的老闆兄弟檔共同經營。
不僅所有醬汁都是自製，牛肉也使用草飼牛，雖然風格輕
鬆，但每一項原料都經過嚴格把關。店面遷到威基基中心
地帶後也比以前更方便前往了。

(MAP) P.186 E-3　☎ 808-927-3720
🏠 2520 Kalakaua Ave.　🕖 7:00～22:00
🔒 全年無休　📍 Kalakaua Ave.上。Burger King 2樓

這裡的點餐方式是先選擇墨西哥捲
餅Burrito或夾餅Taco、大玉米片
Super Nachos或是直接用碗裝，
接著再挑選其他料。凱盧阿豬肉
Tacos $9.25非常有飽足感。

⭐ Dagon
ダゴン

蔬菜滿滿的健康緬甸料理

由緬甸老闆所經營的話題餐廳。他們的特色是使用了許多
香料，但味道卻十分溫和，很好入口。來店的客人大半都
會點一份使用了茶葉和堅果製作的茶葉沙拉，算是他們的
人氣餐點。

(MAP) P.185 C-1　☎ 808-947-0088
🏠 2671 S.King St.　🕔 17:00～22:00
🔒 週二　📍 從威基基開車前往約10分鐘〔McCully〕

大膽混搭10種食材而成的
茶葉沙拉$10.99。口感
十分有趣。

🇨🇳 Eastern Paradise
東仙閣

溫暖人心的中式家庭料理

雖然掛名北京料理餐廳，但賣的卻是一點也不張揚的家庭
式料理，價格十分有良心。他們的招牌煎餃和炸醬麵都讓
人很想吃上一次，而上菜前端出的小菜是老闆娘製作的泡
菜，非常解膩。

(MAP) P.182 F-2　☎ 808-941-5858　🏠 1403 S. King St.
🕥 10:30～21:30　🔒 週一　📍 Keeaumoku St.和S King St.的
交叉路口。從威基基開車前往約10分鐘〔Ala Moana〕

口感十足的腰果炒雞
$10.95以及粒粒分明的
炒飯$9.75。

19:00

說來說去還是這裡最棒。

威基基夜晚 的 享 受 方 法

在海邊觀賞？在私房景點觀賞？

Fireworks

週五夜晚的一大樂趣，就是Hilton飯店的煙火秀。你可以混入海灘上歡騰的大批外國觀光客中，不過坐在充滿氣氛的餐廳和酒吧裡觀賞煙火也超棒的。

IN THE *Night* (18:00-21:00)

Hilton Friday Fireworks
ヒルトン金曜夜の花火ショー

MAP P.185 B-5
🏠 Hilton Hawaiian Village Waikiki Beach Resort 前
🕐 每週五19:45～
$ 免費

只要有這個就能度過快樂的威基基週五夜

雖然這樣講可能會讓人覺得是在裝模作樣，但我相信絕對沒有人抗拒得了夏威夷夜晚至高無上的魅力。

每週五晚間7點45分在Hilton飯店所施放的煙火，儼然成為夏威夷的代表性風光。煙火秀開始前，路上就有不少人或走或跑前往海灘，個個都對接下來的活動滿懷期待。

也有人選擇到阿拉莫阿那中心的Mariposa（→P.82）或東邊的Queen's Surf Beach觀賞煙火。不過最好的選擇，還是在Hilton飯店內部的「Tropics Bar & Grill」一面享受美食、一面觀賞魅力十足的煙火。

幾乎所有的餐廳和酒吧，都可以免費欣賞到夏威夷風音樂的現場演奏以及草裙舞秀等表演，還有機會碰上大師級人物親自演奏呢。偶爾沉浸在每天都充滿節慶氣息的夏威夷之中也不錯。

★★★ Mariposa（→P.82）等可以觀賞到煙火秀的餐廳，週五的晚餐時段需要特別訂位。訂位時還可以告訴店家希望坐在哪個位子。

每天都有地方熱鬧非凡！

Hawaiian Live & Show

夜色降臨的街道上，隱隱約約傳來了夏威夷音樂。
有時還會碰上大師級人物親自演奏，所以記得要確認店家的行程表喔！

House without a Key
ハウス ウィズアウト ア キー

醉心於優雅的草裙舞表演♡

Halekulani飯店的海景餐廳，每天晚餐時段都有夏威夷音樂演奏與草裙舞表演。舞動的草裙舞者背後就是鑽石頭山和落日，這浪漫至極的景象令人大為感動！

(MAP) P.187 B-4　☎ 808-923-2311
🏠 Halekulani Hotel 1樓
🕐 7:00～21:00　🔓 全年無休

── Live info ──

每晚17:30～20:30有現場演奏。而歷代夏威夷小姐帶來的草裙舞則在18:00～20:00之間。

Mai Tai Bar
マイタイ バー

羅曼蒂克的老酒吧

深受全球名人雅士愛戴的皇家夏威夷渡假村海邊酒吧。雞尾酒種類多元，其中Royal Mai Tai更是遵循1959年開幕時的酒譜所調製的招牌飲品。晚上也有現場演奏。

(MAP) P.187 C-3　☎ 808-923-7311
🏠 The Royal Hawaiian,
a Luxury Collection Resort 1樓
🕐 10:00～23:30最後點餐　🔓 全年無休

── Live info ──

每晚18:30～20:30
（週一、週四20:00～22:00）有現場演奏

── Live info ──

每天18:00～21:00都會由不同人帶來夏威夷音樂現場演奏

Kani Ka Pila Grille
カニ・カ・ピラ・グリル

夏威夷音樂現場演奏

每晚都有不同的實力派音樂家輪番上陣，帶來夏威夷音樂的現場表演。這間游泳池邊的休閒小餐館空間十分開闊，不僅可以品嘗到Loco Moco等餐點以及各式各樣的PUPU，熱帶風雞尾酒的種類也很豐富。

(MAP) P.187 A-4　☎ 808-924-4990
🏠 Outrigger Reef Waikiki Beach Resort 1樓
🕐 11:00～22:00　🔓 全年無休

右為Mai Tai、左為白蘭地調製的Endless Summer各$12。

Loco Moco $28

Best time :

20:00

臣服於滿滿的肉汁面前。

牛排就要吃 ♥ 熟成牛排 & Kiawe 燒烤

招牌就是這丁骨牛排 $120.95（2人份）～，可以同時嘗到菲力和沙朗兩種肉。調味上只使用了鹽巴和奶油Ⓐ。

魄力十足的鮮嫩紅肉
透過熟成與Kiawe加深美味

論牛肉，我只服膺霜降，但夏威夷的牛排讓我對牛肉的想法產生了180度大轉變。完全不需要醬汁輔佐的壓倒性美味，光是回想起來就令人陶醉……。我特別喜歡Ely's的**Kiawe牛排**。Kiawe（**牧豆樹**）**是一種帶有特殊香氣的樹木**，夏威夷於1830年左右開始種植。使用Kiawe木炭烤出的牛排帶有一股高雅的香氣，保證任何人吃了都會對這日本吃不到的味道感到驚艷。

而如今處處大排長龍的**Wolfgang's Steakhouse**，也是將熟成肉的知名度拉升至今天地位的重要推手。**將肉熟成28天以上**，可以讓原先的風味更濃厚，形成一股無法比擬的深厚美味。回國前一晚，打起精神來去吃一客牛排吧。

以特殊烤網烤出的丁骨牛排$90，口感嫩得難以置信！（P.127全為Ⓐ）

Ⓑ Hy's Steak House
ハイズ・ステーキハウス

Kiawe炭火燒烤的頂級牛排

店內裝潢有如豪華宅邸的老字號牛排店。使用Kiawe木炭，並以特殊烤網烤出的牛排，肉本身的美味被進一步帶出來。最後也別忘了點份由專人直接在桌邊製作的火焰甜點。由於本店要求著著正式服裝，所以記得打扮得稱頭些再上門喔。

MAP P.186 E-2 ☎ 808-922-5555
🏠 2440 Kuhio Ave. ⏰ 17:00～21:30 🔒 全年無休
📍 Kuhio Ave.上、Waikiki Park Heights 1樓

Ⓐ Wolfgang's Steakhouse
ウルフギャング・ステーキハウス

花4星期熟成的極品牛排

源自NY的高級牛排店。頂級Prime牛肉經過最少28天的熟成後，以900℃高溫燒烤，將美味一滴不漏鎖在肉裡。而豪邁的重量級丁骨牛排，每咬一口，鮮甜的肉汁與美好的風味便爆炸開來，衝擊力大到足以顛覆你至今對牛排的既定印象。

MAP P.187 B-3 ☎ 808-922-3600
🏠 Royal Hawaiian Center C館3樓
⏰ 11:00～23:30 🔒 全年無休

✳MY BEST✳
Dress up Restaurant

讓人想在回國前一天或紀念日，稍微打扮一下
再上門吃晚餐的3間餐廳。

Hale 'Aina Awards常勝軍
知名主廚Roy Yamaguchi所規劃的當
地特色料理名店。你可以在這裡吃到不
少獨門料理，不僅堅持使用夏威夷產新
鮮食材，還十分注重成菜外觀，而菜單
還會依據當天的食材狀況做調整，這也
是一項樂趣。

MY
BEST
晚　餐

Roy's Waikiki
ロイズ・ワイキキ
(MAP) P.187 B-3
☎ 808-923-7697
🏠 Waikiki Beach Walk 1樓
🕐 11:00～17:00（僅有前菜）、
17:00～21:30（週五、六～22:00）
🔒 全年無休

盛盤華麗的泰式料理
美國本土也口碑盛讚的高級泰式餐廳。
店內裝潢仿曼谷宮廷，可以配著雞尾
酒，享用色香味俱全的多道料理。

Noi Thai Cuisine
ノイタイ・キュイジーヌ
(MAP) P.187 B-3
☎ 808-664-4039
🏠 2301 Kalakaua Ave.
🕐 11:00～22:00
（午餐～15:00、晚餐18:00～）
🔒 全年無休
📍 Royal Hawaiian Center
C館3樓

可以環顧威基景色
夏威夷唯一一間360度旋轉景觀餐廳。
2015年重新翻修，菜單和內部裝潢都
煥然一新。可以在這裡眺望著美麗的夕
色，品嘗雅致的料理。

Top of Waikiki
トップオブワイキキ
(MAP) P.187 C-3
☎ 808-923-3877
🏠 2270 Kalakaua Ave.
🕐 17:00～21:30
🔒 全年無休
📍 Waikiki Business Plaza 21樓

橫空出世的白砂陽台

位於度假服飾品牌的2～3樓，是一間開闊感十足的餐廳。3樓還有鋪滿白砂的陽台座位區，可以俯瞰Kalakaua Ave.，享用前五星級餐廳主廚的料理。他們的甜點也超好吃！

Tommy Bahama
トミー・バハマ
MAP P.187 A-2
☎ 808-923-8785
🏠 298 Beachwalk
🕐 11:00～22:00（最後點單）、
　（週六、日～23:00）
🔒 全年無休　♥ Beachwalk上

MY BEST

Rooftop Restaurant

威基基最近越開越多間屋頂餐廳了。
享受著晚風吹拂，對著夜景乾杯吧。

打點好行頭，前往熱門餐廳

Waikiki Business Plaza 19樓的屋頂餐廳。主廚曾於Alan Wong's工作過，餐點味道有保證。週末時會有大批當地人排隊上門喔！

SKY Waikiki
スカイワイキキ
MAP P.187 C-3
☎ 808-979-7590
🏠 2270 Kalakaua Ave.
🕐 17:00～23:00
　（週五、六～凌晨2:00）
🔒 週一
♥ Waikiki Business Plaza 19樓

充滿在地人的墨西哥酒吧

Waikiki Shopping Plaza內可以享用到多種雞尾酒與時髦墨西哥料理的餐廳。每天21:00～24:00還有現場演奏。

Buho Cocina y Cantina
ブホ・コシーナ・イ・カンティーナ
MAP P.187 B-2
☎ 808-922-2846
🏠 2250 Kalakaua Ave.
🕐 11:00～凌晨0:00
　（週五～日～凌晨1:00）
🔒 全年無休
♥ Waikiki Shopping Plaza 5樓

My Best *American*

從夏威夷菜餐廳到充滿各種啤酒的酒吧，個個都是渡過歡樂夜晚的絕佳地點！

Duke's Waikiki
デュークス・ワイキキ

面對海洋吃頓晚餐♡

晚餐時段大排長龍的熱門餐廳。戶外座位區是最好的選擇！聽著每日2場的夏威夷音樂現場演奏，享受一頓輕鬆的晚餐吧。

MAP P.187 C-3　☎ 808-922-2268
🏠 Outrigger Waikiki On The Beach 1樓
🕖 7:00～凌晨1:00（最後點單 凌晨0:30）
🔓 全年無休

Lulu's Waikiki
ルルズ・ワイキキ

老夏威夷的氣氛引人入勝

從一大早營業到深夜的休閒美式餐廳。可以透過大窗戶看到外頭的Waikiki Beach。每天18:00～21:00都有現場演奏。
→P.60

配點PUPU，品嘗啤酒

蒐羅世界各地共超過130種啤酒的啤酒吧。不僅供應PUPU（小菜），還有牛排之類的大份量餐點，豐富的品項能夠滿足各式各樣的享受方法。

Yard House
ヤード・ハウス

MAP P.187 B-3
☎ 808-923-9273
🏠 Waikiki Beach Walk 1樓
🕖 11:00～凌晨1:00
（週五、六～凌晨2:00）
🔓 全年無休

My Best *Japanese*

如果吃膩美國食物的話，就來這裡吧！用和食來填滿肚子吧。

夏威夷和食老饕的最愛

店裡有直接在面前烹調的鐵板燒、師傅現做的握壽司，還有生魚片和天婦羅等日式料理3區。使用嚴選食材製成的日式料理，味道品質完全不必擔心。

Restaurant Suntory
燦鳥餐廳

MAP P.187 B-3
☎ 808-922-5511
🏠 Royal Hawaiian Center B館3樓
🕖 11:30～13:30
（週六、日12:00～14:00）、
17:30～21:30
🔓 全年無休

Shingen
心玄

在威基基品嘗道地的日本蕎麥麵

使用北海道產的蕎麥果實、現磨製成的蕎麥麵備受讚譽。其他餐點部分也很齊全，或許可以小酌一下，最後再來份蕎麥麵……。蕎麥麵也可以換成烏龍麵。

MAP P.187 B-3　☎ 808-926-0255
🏠 255 Beachwalk
🕖 11:30～15:00、17:30～22:00
🔓 全年無休　📍 Beachwalk上

Tonkatsu Ginza Bairin
豬排銀座梅林

銀座老字號炸豬排於夏威夷展店

店內可以吃到品質嚴格把關的多汁炸豬排，包含嚴選黑豬里肌排和菲力豬排等，受當地日本人喜愛，也很受觀光客歡迎。熱騰騰的白飯也十分好吃。

MAP P.187 B-3　☎ 808-926-8082
🏠 255 Beachwalk
🕖 11:00～21:30（週五、六～22:30）
🔓 全年無休　📍 Beachwalk上

品質超有保障的飯店晚餐,品項也多彩多姿,不僅有創意料理,還有道地的法式料理!

Azure Restaurant
アズーア レストラン

知名主廚的魚料理

這間餐廳靠海側的戶外座位區十分浪漫。各位一定要吃吃看他們以嶄新夏威夷式調理法製作的海鮮料理。

(MAP) P.187 C-3 ☎ 808-921-4600
🏠 2259 Kalakaua Ave. ⏰ 17:30〜21:00
🔒 全年無休 ♥ The Royal Hawaiian,
a Luxury Collection Resort 1樓

可以凝望靜謐海灘的位置

面對Sans Souci Beach的老字號餐廳,可以享用到以夏威夷產海鮮製作的法式料理。透過大大的窗戶觀賞落日,還有什麼比這更浪漫的事?

Michel's at the Colony Surf
ミッシェルズ

(MAP) P.180 E-5
☎ 808-923-6552
🏠 2895 Kalakaua Ave.
⏰ 17:30〜21:00
(週五、六〜21:30)
🔒 全年無休
♥ Kapiolani Park對面、
Colony Surf 1樓

The Beach Bar
ザ・ビーチ・バー

聆聽現場演奏,舉杯暢飲

Moana Surfrider內的酒吧,主打南國風情雞尾酒與夏威夷音樂現場演奏。坐落於可以一覽Waikiki Beach風景的最佳位置。

(MAP) P.186 D-3 ☎ 808-922-3111
🏠 2365 Kalakaua Ave. ⏰ 10:30〜
22:30 🔒 全年無休 ♥ Moana Surfrider,
A Westin Resort & Spa 1樓

品質不凡的世界美食。2間怎麼吃都好吃的餐廳。

Arancino on Beachwalk
アランチーノ・オン・ビーチウォーク

輕鬆享受義大利料理

人氣義大利餐廳的創始店。這間街角的溫馨餐館總是充滿當地上班族,可以體驗當地人吃晚餐和午餐時的感覺。

(MAP) P.187 B-3 ☎ 808-923-5557
🏠 255 Beachwalk
⏰ 11:30〜14:30、17:00〜22:00
🔒 全年無休 ♥ Beachwalk上

Taormina Sicilian Cuisine
タオルミーナ シチリアン キュイジーヌ

嚴選食材結合主廚手藝

以橄欖油和香草為核心,充分發揮夏威夷內外嚴選食材的頂級義大利料理。佳評如潮。這裡也有較沒那麼正式的戶外座位區,此外葡萄酒品項也很豐富。

(MAP) P.187 B-3 ☎ 808-926-5050
🏠 Waikiki Beach Walk 1樓
⏰ 11:00〜22:00(週五、六〜23:00)
🔒 全年無休

TIPS + MEMO

IN THE *Night*

在威基基度過的經典夜晚行程是不錯，但還是要對在地人的私房餐廳熱門熱路！

DINNER AT FAMOUS BREAKFAST BISTRO

「知名早餐餐廳的晚餐也超級好吃」

像**The Nook Neighborhood Bistro**這種提供創意經典早餐的早餐餐廳，晚餐的部分也是好吃到不行！不僅有自製義大利麵，還有豬五花等主餐可享用！主廚曾在Alan Wong's等一流餐廳磨練過，因為希望能讓客人能以比較輕鬆的方式吃到好菜，於是才開始供應晚餐。搞不好比起早上，晚上更適合來這裡吃呢!?

The Nook Neighborhood Bistro
ザ・ヌック・ネイバーフッド・ビストロ

(MAP) P.185 C-1 ☎ 808-942-2222
🏠 1035 University Ave.
🕐 7:00～14:00、週三～日17:00～21:00
🚫 週一
📍 從威基基開車前往約10分鐘〔Moiliili〕

𝓕𝓞𝓞𝓓 𝓒𝓞𝓤𝓡𝓣

「想在威基基快快吃頓飯的話
可以選擇新型態的美食廣場」

時代改變，簡練風格的美食廣場已經成為夏威夷飲食風格的主流。這間Dukes Lane是超市附設的美食區，包含義式冰淇淋店和咖啡站，適合任何時候過來。

Dukes Lane Market & Eatery
デュークス・レーン・マーケット & イータリー

(MAP) P.187 C-2
☎ 808-923-5692 🏠 2255 Kuhio Ave.
🕐 6:00～凌晨0:00、SPITFIRE
ROTISSERIE & FLATBREAD、
Ono's Burger Bar10:30～22:30）
🚫 全年無休 📍 Hyatt Centric Waikiki
Beach 1樓

COCKTAIL × ART

「酒×藝術的歡樂
檀香山美術館之夜」

1～10月的最後一個星期五晚上，特別打扮過的當地人會聚集在檀香山美術館。他們的目標，就是館方精心策辦的「ART AFTER DARK」。配合每個月的主題展，提供各種食物和飲品，徹底改變白天的氣氛，變得熱鬧非凡。美術館平常16:30休館，不過活動當天晚上也開放入場。可以享受端著酒鑑賞藝術的雅興。

point!
活動入場費用為$25，會員（入會費$25）免費。如果一年會去2次以上的話，建議加入會員。

ART AFTER DARK
アート・アフター・ダーク

(MAP) P.182 D-2 ☎ 808-532-8700 🏠 900 S. Beretania St.
🕐 18:00～21:00（僅1～10月的最後一個星期五晚上） 💲 $25
📍 Honolulu Museum of Art。從威基基開車前往約20分鐘〔Makiki〕

ABC STORE

Biggest Store

「一應俱全！哪一間店的賣場面積最大？」

如果要購買伴手禮和食品，就要前往**規模最大的店**。如果住在Marriott等威基基東邊的飯店，附近最大的店為37號店。至於住在Halekulani等西邊飯店的人則要找38號店。

- 西側→ABC Store #38 →P.18
- 東側→ABC Store #37
- → MAP P.187 C-3

Craft beer

「在地啤酒出乎意料地對味」

Kona Brewing Company和Lanikai Brewing Company（部分店鋪除外）等啤酒公司的精釀啤酒款項豐富得無可挑剔。也可以試試看夏威夷味十足的鳳梨酒喔！

What's Hale 'Aina?

「**參考直接由當地居民投票的獎項排名**」

由「Honolulu Magazine」主辦的Hale 'Aina Award不是請專家做評審，而是由讀者投票來決定獎落誰家。**由於這個獎可以真實反映消費者的聲音**，想必可以作為選店時的參考。

賞URL www.honolulumagazine.com/Honolulu-Magazine/Hale-Aina/

BYOB

「夏威夷到處都有的制度。BYOB輕鬆微醺」

Bring Your Own Bottle（自備啤酒）的簡稱。夏威夷的酒類販售許可很難申請，所以不少餐廳都允許客人自備酒精飲料，**基本上也不收開瓶費**，非常划得來。

- Sweet Home Cafe →P.122
- Dew Drop Inn →P.69
- BacNam →P.122

⚠ CAUTION!

☑ **買酒喝酒都要出示身分**

夏威夷法律規定21歲以上才能喝酒。就算過了年紀，店家還是會要求你出示身分證（ID），所以最好隨身攜帶身分證明文件。另外，美國法律也規定酒類販售時間為6:00～深夜0:00。

☑ **不可以在陽台晾衣服**

由於在Lanai（陽台）的椅子等地方晾泳裝或洗好的衣服有礙觀瞻，所以夏威夷政府是禁止的。洗好的衣服就利用浴室裡的活動式拉繩吊起來風乾吧。如果會在夏威夷待比較久的話，可以自己帶洗衣夾過去，會方便不少。

Sunset Hours

「確認好一整年的日落時間！」

日落時間和日出一樣，全年下來最多可以差到1個小時以上（→P.44）。觀賞日落的活動（日落瑜珈、航程）也會**隨著季節調整活動時間**，所以記得到官網確認實際的情形喔。

SOUVENIR

「行李超重？瓶裝伴手禮的陷阱」

蜂蜜和果醬等代表夏威夷的伴手禮大多都不輕，如果是分送用的伴手禮，非常建議選擇**一次性的小包裝**才不會占空間，而且這種商品很多都很可愛。（詳見P.103介紹）

Sunset Location

「注意會移動的落日」

大家有聽說過嗎？一進入冬天，**太陽沒入的位置也會漸漸往陸地靠近**，所以有時在Waikiki Beach會看不到夕陽隱沒海中的景象。另外告訴大家，像Ko Olina等西海岸就一年四季都看得見夕陽隱入海平線。凱盧阿和Waimanalo看到的太陽則是一年到頭都會沒入山頭後，所以看不見日落的瞬間。

DOGGY BAG

「使用餐盒落實零廚餘」

幾乎所有夏威夷的餐廳**都可以把吃剩的菜包回去（外帶）**。只不過像自助形式的餐廳和高級餐廳，外帶就不是那麼妥當的行為囉。

What are you gonna do??

Midnight

21:00 - 00:00

從一大早就開始東奔西跑,是不是已經累癱了?夏威夷的魅力,就在於白天可以飽覽大自然,夜晚則能享受都市特有的遊戲。雖然夜深了,但樂趣還是多到玩不完。如果累了,也可以回飯店房間享受按摩服務,陶醉在幸福時光裡。

Best time: 21:00

來杯夏威夷在地啤酒Pau Hana！

和 歡 樂 的 當 地 人
乾 一 杯 精 釀 啤 酒

精釀啤酒體驗盤一種$2Ⓐ、薯條淋上肉醬和啤酒燉牛肉是最棒的下酒菜$11Ⓒ、用IPA醃漬的雞翅$10Ⓒ。

Brew'd Craft Pub總是聚集了許多Waialae附近的當地客人，而且每個星期都有賓果之類的活動，整間店的氣氛十分熱鬧。

融入歡樂的當地人
Hana Hou（再喝一杯）！

幾年前，歐胡島能喝到精釀啤酒的店家還寥寥無幾，現在則已經多到足以任君挑選了。

特別推薦Waikiki Brewing Company以及Honolulu Beerworks等酒廠和酒吧一體的店家。這兩間店都擁有約10種獨門精釀啤酒，每款酒的名字都很有夏威夷的感覺。建議第一次去的時候可以點體驗盤（Sampler）找出喜歡的味道。

不喝啤酒的人……我們還是有好消息！夏威夷啤酒吧的餐點也很優質。像Brew'd Craft Pub的「啤拉米蘇（Birram-isū）」就是一種用上啤酒的甜點，跟一般提拉米蘇不一樣，讓大家都有辦法品嘗到當地啤酒的美好。雖然趁天色還亮時就開始喝酒也不錯，但建議約莫晚上8～9點這個最熱鬧的時刻再出發。Pau Hana的意思是下班後來一杯！餐點也很優質。

① HANAHOU HEFE $7.50、雞翅$10等Ⓐ。② 釀造大師Joe LorenzenⒶ。③ 三明治和沙拉的味道也不偷懶！Ⓑ ④ 附近的當地人也會一家子一起來喝酒Ⓒ。

Ⓒ Brew'd Craft Pub
ブリュード・クラフト・パブ

店內供應19種生啤酒！

每天都供應不同啤酒的餐酒吧，酒品總共包含19種生啤酒和超過200種瓶裝啤酒。精緻的料理十分美味，搭配啤酒也很合適。Happy Hour時間為16:00〜18:00。

(MAP) P.181 A-1　☎ 808-732-2337
🏠 3441 Waialae Ave.
🕐 16:00〜凌晨2:00（週五、六〜凌晨1:00）
🔒 週日
📍 從威基基開車前往約15分鐘〔Waialae〕

Ⓑ Honolulu Beerworks
ホノルル・ビアワークス

店面後頭就是酒廠！

卡卡厄科如今是越來越新潮。而這間精釀啤酒店供應10種以上自家釀造的啤酒，建議先點1杯$2的體盤盤來試試味道。

(MAP) P.183 C-5　☎ 808-589-2337
🏠 328 Cooke St.
🕐 11:00〜22:00（週五、六〜凌晨0:00）
🔒 週日
📍 從威基基開車前往約15分鐘〔Kakaako〕

Ⓐ Waikiki Brewing Company
ワイキキ・ブリューイング・カンパニー

威基基唯一一間酒業

Joe因對啤酒的熱愛越來越深，於是開了一間啤酒吧，讓大家都能享受到他們自己釀的啤酒。這裡可以喝到使用夏威夷島蜂蜜等當地食材釀造的啤酒，而每月不同的限定口味也值得留意。

(MAP) P.185 B-4　☎ 808-946-6590
🏠 1945 Kalakaua Ave.
🕐 11:00〜23:00（週二、五、六〜凌晨0:00）
🔒 全年無休　📍 Cheeseburger Waikiki旁

21:00

最晚只到11點！

威基基尋寶之旅 的 關鍵 就 在 晚餐後！

威基基西邊最大規模的
ABC Store就在這裡。
營業到凌晨1點。

ABC Store#37

San Lorenzo Bikinis

ⒶUrban Outfitters

晚上才是正式遊玩威基基的時刻！
Kalakaua Ave.的店幾乎都在10～
11點就打烊。比較占空間的禮物就
在這個時間買一買吧。

Ⓒ Turquoise
ターコイズ

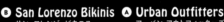

LA的人氣選貨店

從LA時下熱門品牌到夏威夷在
地品牌，各項商品簡單卻不失高
雅。店裡還有販售夏威夷才有的
度假風服飾，而和SAMUDRA
等知名品牌合作的聯名商品也不
容錯過。

MAP P.187 C-2
☎ 808-922-5893
🏠 333 Seaside Ave.
🕘 9:00～23:00
🔒 全年無休　📍 Seaside Ave.上

Ⓑ San Lorenzo Bikinis
サン・ロレンゾ・ビキニス

魅力無窮的大膽設計

為表現南國海洋風情，主打大膽
剪裁與鮮艷顏色的巴西款比基尼
十分受歡迎。都來到夏威夷了，
就放膽試穿看看吧。搭配泳裝的
罩衫也不能漏看。

MAP P.186 D-3
☎ 808-237-2591
🏠 Moana Surfrider, A Westin
Resort & Spa 1樓
🕘 9:00～23:00　🔒 全年無休

Ⓐ Urban Outfitters
アーバン アウトフィッターズ

時下超夯休閒服飾

主要於美國、歐洲地區展店的生
活風格商店，不僅有服飾，連雜
貨、家具、唱片都有販售，商品
包羅萬象。設計時髦的夏威夷限
定商品最適合當作伴手禮了。

MAP P.186 D-3
☎ 808-922-7970
🏠 Pualeilani Atrium Shops
1、2樓
🕘 9:00～23:00　🔒 全年無休

★ ★ ★　雖然夜晚也很熱鬧，但Kuhio Ave.到Ala Wai Blvd.一帶到了晚上就沒什麼人了，所以盡量不要獨自在這邊走動。

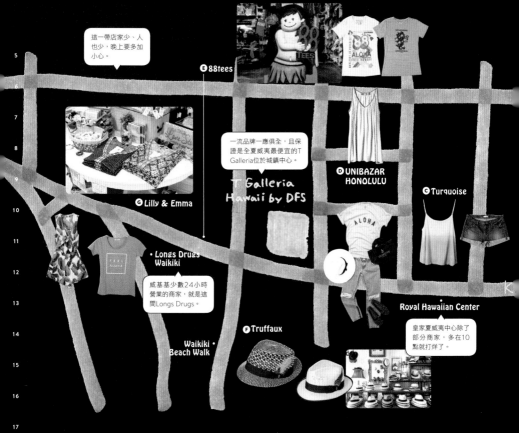

MAP P.187

這一帶店少、人也少，晚上要多加小心。

Ⓔ 88tees

一流品牌一應俱全，且保證是全夏威夷最便宜的 T Galleria 位於城鎮中心。

Ⓓ UNIBAZAR HONOLULU

T Galleria Hawaii by DFS

Ⓖ Lilly & Emma

Ⓒ Turquoise

• Longs Drugs Waikiki

威基基少數24小時營業的商家，就是這間Longs Drugs。

Royal Hawaiian Center

Ⓕ Truffaux

皇家夏威夷中心除了部分商家，多在10點就打烊了。

Waikiki • Beach Walk

Ⓖ Lilly & Emma
リリー & エマ

可愛的島嶼風服飾

夏威夷在地的品牌，設計概念是把整間店想像成優雅的姊姊Lilly與活潑可愛的妹妹Emma兩姊妹的衣櫃。原創T恤和環保購物袋都是很受歡迎的伴手禮，出自當地設計師之手的飾品款式十分甜美，打動了我的心。

MAP P.187 A-2
☎ 808-923-3010
🏠 2142 Kalakaua Ave.
🕙 10:00～23:00
🔓 全年無休　♀ Kalakaua Ave.上

Ⓕ Truffaux
トゥルフォー

值得一看的時尚巴拿馬帽

源自澳洲的巴拿馬帽品牌，可以替你的穿搭品味畫龍點睛。全品項皆由厄瓜多的師傅手工編製，特色是透氣性佳、戴起來絲毫不悶熱。而且還可以根據每個人的頭圍去調整尺寸，戴上後的感覺超剛好！

MAP P.187 B-3
☎ 808-921-8040
🏠 Waikiki Beach Walk 1樓
🕙 10:00～22:00
🔓 全年無休

Ⓔ 88tees
88 ティーズ

T恤SHOP殿堂

威基基的老字號T恤商店，印有店名和品牌吉祥物Yaya的原創T恤，連許多知名人士都愛不釋手。尺寸從小孩到成人應有盡有，十分齊全。

MAP P.187 B-2
☎ 808-922-8832
🏠 2168 Kalakaua Ave.
🕙 10:00～23:00
🔓 全年無休
♀ Kalakaua Ave.上

Ⓓ UNIBAZAR HONOLUL
ユニバザー・ホノルル

為你帶來海邊風格商品

除了夏威夷，還有來自加州、澳洲、巴黎等世界各地的商品。不僅有許多休閒感十足的度假風服飾，時髦的雜貨品項也很充實。而且知名品牌Minnetonka的莫卡辛鞋，種類也十分豐富。

MAP P.187 B-2
☎ 808-923-8118
🏠 345 Royal Hawaiian Ave.
🕙 10:00～23:00　🔓 全年無休
♀ Royal Hawaiian Ave.上、DFS Trolley乘車處對面
※有翻修計畫，會於各大社群媒體公告

Best time :
22:00

睡前的頂級享受……
聘請專業按摩師
到府SPA服務來保養身體

自己的房間馬上化為頂級沙龍

一整天奮力地玩耍、參加活動、大買特買之後，晚上就好好消除身體的疲勞吧。夏威夷有幾間沙龍，可以聘請按摩師外出到飯店房間內為我們服務。實現一天下來最夢幻的收尾方式，在接受舒服的按摩之下沉沉睡去……。

處在自己能好好放鬆的地方、脂粉未施的情況下接受按摩，時差和遊玩所累積的疲勞全都會煙消雲散。

既然大老遠跑來夏威夷一趟，療程就選擇Lomi Lomi吧。Lomi Lomi的「Lomi」就是夏威夷語中推揉的意思，源自古代夏威夷人進行的療法。過去只有Kahuna（祈禱師）選中的人才有資格繼承，是一項絕不外傳的技術。雖然現在這種傳統療法已經轉變成Lomi Lomi按摩的形式，但承襲下來的不只有技術，運用Mana（神聖的能量）來療癒身心的根本概念仍未改變，所

以就放心把自己的身體交給按摩師，讓心神徜徉在古代夏威夷之中吧。不過飯店的床鋪較柔軟，會吸收掉按摩的力道，所以按摩師其實也比較難施力。如果想要接受百分之百的按摩，還是親自到沙龍一趟，使用專用的按摩床比較合適。

Aloha Hands Massage Therapy
アロハハンズ・マッサージ

所有按摩師都是日本女性

使用高品質植物精油的強力按摩方式廣受好評，很多人每次到夏威夷旅行時都會找上這間店。按摩精油可以＋$15更換成芳香精油，香氣帶來的療癒效果也非常好。由於按摩師全都是日本女性，可以放心利用到府SPA服務。

(MAP) P.187 B-2　☎ 808-551-0428
🏠 307 Lewers St.　🕐 9:00～22:00（飯店外送服務～23:00）　📅 全年無休　📍 Louis Vuitton Honolulu Gump's Building 後面旁邊

— menu —
Hawaiian Lomi Lomi
Massage 60分鐘$60、90分鐘$90、120分鐘$120。
到飯店服務須加價$5。

★★★ Aloha Hands Massage Therapy的飯店外送服務時間可以和朋友共享。療程的內容也可自由選擇，比如一個人做全身按摩，另一個人做腳底按摩。

— menu —
◆60分鐘 $80～
◆90分鐘 $120～
◆120分鐘 $160～等。費用包含稅金、小費、外送服務費

— menu —
◆60分鐘 $55
◆80分鐘 $75
◆100分鐘 $95
◆120分鐘（臉部按摩＆Lomi Lomi）$120
※自選方案／香精油 $10、飯店外送服務＋$10
※稅金、小費另計

— menu —
◆Lomi Lomi Massage
60分鐘～ $125～
◆Lymphatic Massage
60分鐘～ $125～

— menu —
◆Lomi Lomi Massage
30分鐘～ $45～
◆夏威夷式指壓Massage
30分鐘～ $45～
◆改善臉部浮腫療程
60分鐘 $68.8
※到飯店服務費＋$5～、22:00後收取深夜費用＋$5～

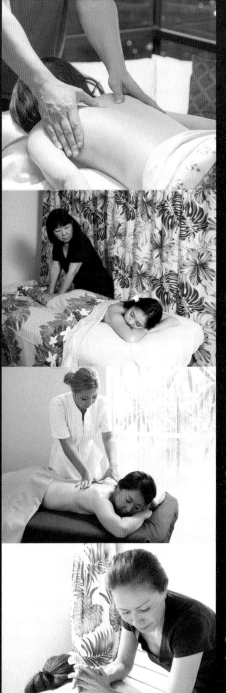

Tyra Spa
タイラ・スパ

資深按摩師的超方便外送SPA

可以在飯店房間接受按摩的外送SPA服務放鬆度十足！按著按著就這麼睡著了。按摩師Aaron不僅學習夏威夷本地的技術，也曾到泰國、峇里島、印度等各國進修。他根據身體狀況組合各種技術的按摩方法，獲得了廣大的迴響。

☎ 808-722-3929
⏰ 12:00～凌晨3:00　🔒 全年無休

Kahuna & Mana Massage
カフナ＆マナ　マッサージ

痛快的穴道按摩妙不可言

這間沙龍的氣氛很溫馨，他們加入指壓手法的Lomi Lomi十分受歡迎。你可以根據當天的身體狀況調整按摩項目，所以放輕鬆，跟按摩師好好聊聊。而這裡很棒的一點是可以選擇穿著衣服按摩，所以也可以在購物途中順道來放鬆一下。

(MAP) P.186 D-2
☎ 808-351-5038
🏠 2410 Koa Ave. 2樓9號房
⏰ 沙龍 10:00～22:00、到府服務 10:00～23:00　🔒 全年無休　📍 Koa Ave.上

Ilikai Massage Spa Hawaii
イリカイ・マッサージ・スパ・ハワイ

超有效的瘦身美容引起熱議

熟客之中也有許多藝人的實力派沙龍，現在開始提供外送服務了。老闆長村幸子是在日本也赫赫有名的美容師，她消除身體疲勞與代謝老廢物的按摩，再加入獨門瘦身技術的手法引起熱烈討論。也很推薦選擇新娘美容療程喔。

(MAP) P.185 B-5
☎ 808-944-8882
🏠 Ilikai Hotel & Luxury Suites 1樓
⏰ 10:00～23:00　🔒 全年無休

NOA ELMO.
ノア・エルモ

可以輕鬆上門的低價魅力

位於威基基中心，不必預約，可以隨時上門的沙龍。不僅營業至半夜12點，還可以男女情侶一同接受按摩，具有極高的使用價值。除了Lomi Lomi之外，還有指壓和排毒、臉部按摩等療程，項目十分豐富。

(MAP) P.187 B-2　☎ 808-921-0355
（預約專線）🏠 355 Royal Hawaiian Ave.
⏰ 9:00～凌晨0:00　🔒 全年無休
📍 Royal Hawaiian Ave.上

傳統風格的早餐雖然不錯，但悠哉的宵夜也很好

如果想仔細感受老舊風格的店內氣氛，建議不要在人擠人的早上去，而是挑晚上＆深夜時刻。

IN THE *Midnight* (21:00-00:00)

遇見威基基難能可貴的老夏威夷餐館

在逐漸開發起來的威基基一隅，頑固的Wailana Coffee House堅持走傳統路線。換個方式說，它是「夏威夷版的家庭餐廳」，一間可以品嘗到令人百感交集的味道、令人喜愛的老店。

而且這間店包山包海，①咖啡區無限續杯②鬆餅吃到飽③永遠吃不膩的每日限定特餐④可以便宜享用雞尾酒的Happy Hour⑤奢侈的牛排⑥酒吧舉辦的超認真卡拉OK大賽，服務項目豐富到令人難以想像這全都是在説同一間店。

雖然餐點部分完全稱不上細緻，但看到菜單後，我那被自己養大的胃便莫名地蠢蠢欲動。24小時營業這點是一張王牌，我們可以瀟灑避開人擠人的早上，瞄準晚一點人潮較少的時段上門。

★★★　週二、四以外的21:00～凌晨1:00，入口旁的酒吧會開放卡拉OK。小酒館一般的氛圍，看不見觀光客的蹤影，可以感受到濃厚的在地風情。

你能續幾盤？
試試看鬆餅吃到飽！

24小時都可以點來吃的鬆餅，配2顆蛋與培根$8.95。還有，雖然不在菜單上，但可以＋$1.75將原本的鬆餅改成加了香蕉等水果的特殊鬆餅。

和朋友盡興暢談。
服務面面俱到超開心

11:00～23:00若點主餐則可自由取用沙拉吧的食物。五花八門的食物吃到飽，讓你吃到肚子都快炸開！

大姊們臉上的笑容
就是最大的魅力！

$3.09的咖啡也和鬆餅一樣可以免費續杯。店員會過來幫你加滿一杯又一杯咖啡。

念舊情懷無限大。
可以把這邊
看作「鄰家小館」

雖然說這裡很像家庭餐廳，但還是有提供『當日鮮魚料理』、『每日特餐』等選擇。Broasted Chicken $16.70好吃到會上癮。

Wailana Coffee House
ワイラナ・コーヒー・ハウス

早餐大排長龍的當地家庭餐廳

不僅有吃到飽的鬆餅，還有牛排可以點，大份量餐點選擇琳瑯滿目。早上必定門庭若市，不過晚上的人會比較少。就靠免費續杯的咖啡和美式食物待上好一陣子吧。

MAP P.185 B-4　☎ 808-955-1764
🏠 1860 Ala Moana Blvd.　⏰ 24小時　🔒 週二21:00～凌晨6:00　📍 Ala Moana Blvd.和Ena Rd.的交叉路口

甜度大小都很美國！
吃甜點補充能量

一下甜、一下冰、一口爆！讓人味覺混亂的冰淇淋巧克力蛋糕 $6.25。

TIPS + MEMO IN THE *Midnight*

如果還沒玩夠，可以到24小時營業的商家或夜店！夜晚的治安較差，所以千萬不要單獨出門。

OPEN 24H

「不知道去哪的時候就來這裡！
24小時敞開大門的生命燈塔」

Gourmet

就算覺得還不夠，想再跑幾間店喝……威基基雖營業到深夜的店家卻出乎意料地少，**連酒吧也大多都在2點左右就打烊了**。之後的時間就輪到家庭餐廳出場了。雖然也有一些比較特別的店，如Kamehameha Bakery（→P.110）會在凌晨2點開門，但這種店比起熬夜上門，更推薦早起前往。

I HOP
アイホップ
→P.18

Denny's
デニーズ
MAP P.187 B-4

Zippy's
ジッピーズ
MAP P.185 A-2

Wailana Coffee House
ワイラナ・コーヒー・ハウス
→P.143

MAC 24-7
マック24-7
MAP P.186 E-2

Liliha Bakery
リリハ・ベーカリー
→P.42

> **point!**
> 就算是家庭餐廳之類的店，深夜時的餐點選擇也可能會變少、或是價格會稍微提高。

Shop & Supermarket

過在威基基外雖然有WalMart和Safeway等24小時營業的超市，**但自從24小時營業的Longs Drugs**在威基基開幕後，對食貓子來說就便利許多。不過需要提醒的是，當地法律規定半夜12點到早上6點是禁止販賣酒類的。

Wal-Mart
ウォルマート
MAP P.182 F-3

Safeway
セーフウェイ
MAP P.184 E-2

Longs Drugs
ロングス・ドラッグス
MAP P.187 A-3

Don Quijote
ドン・キホーテ
MAP P.182 F-3

Walgreens
ウォルグリーン
MAP P.182 F-3

⚠ CAUTION!

☑ **要離開威基基的話
就搭計程車**

深夜要出門的話，建議直接從飯店搭計程車。夏威夷和台灣不一樣，路上幾乎攔不到計程車，而要回威基基的時候，也請店家幫忙叫計程車吧。

- - - - - - - - - - -

☑ **晚上不要走在Kuhio Ave.以北的區域**

威基基的白天雖然熱鬧，但到了夜晚，Kuhio Ave.到Ala Wai Blvd.一帶就會變得沒什麼人，走在路上滿危險的。週末時也有不少大聲叫囂的醉漢出沒，自己要小心。

- - - - - - - - - - -

☑ **最後一天打包時要注意**

幾乎所有航空公司在託運行李2件內還能免費，而1件不得超過23kg（每間航空公司不一）。如果裝了瓶裝物和餐具，很容易不小心就超重了，所以建議在ABC Store等商家購買有滾輪的包包，再分裝成2件行李比較輕鬆。

Late happy hour

「晚餐後來一杯！
超便利的深夜Happy Hour」

不只在傍晚，深夜也有Happy Hour喔！**Mai Tai Bar和Yard House**供應的餐點和傍晚時的Happy Hour一樣，十分划算，最適合晚餐後來一杯了。

Mai Tai Bar→P.53
Yard House→P.130

> **point!**
> Mai Tai Bar雖然位於阿拉莫阿那中心內，但一直到深夜都還很熱鬧喔！

NIGHT CLUB

「想去夜店但怕怕的……。
這種時候要去哪？」

如果想和當地的年輕人一起玩的話，可以到**Modern Honolulu內部的Night Club**。由於位於飯店內，比起移動到郊外更能玩得安心。不過說實在的，夏威夷的夜晚治安比台灣差多了，所以隨身攜帶物品少則少，只要帶錢以及有照片的身分證明文件就好。小心別玩太瘋了。

ADDICTION　MAP P.185 B-5
アディクション　☎ 808-943-5800
🏠 The Modern Honolulu內
🕒 22:30～凌晨3:00（最後點單 凌晨2:30）🔒 週日～三

NUMBER 808

Fishcake

Barrio Vintage

Leinai'a

Choco le'a

The Beet Box Cafe

TinCan Mailman

WIMINI HAWAII

Celestial Natural Foods

Bubble Shack Hawaii

Noelani Studios

Kailua Pickers

Go to LOCAL TOWN

值得專程拜訪的城鎮與人。

Summer Frappe

Andy's Sandwiches & Smoothies

Kailua Haleiwa Chinatown Kakaako Manoa

ALOHA SUPERETTE

Roberta Oaks

Coffee Gallery

Manoa Valley

Hank's Haute Dogs

Wing

Guava Shop

Olive Boutique

Fisher Hawaii

University of Hawaii

PAIKO

Island Bungalow — Hawaii —

Kailua

海與城鎮都超喜歡 ♡

貪婪地享受夏威夷第一的海與美食

凱盧阿現在已經是觀光人潮前仆後繼的知名觀光勝地了。Lanikai Beach、Kailua Beach、Kalama Beach，灘灘相連的美麗海濱，再加上光是想像就令人垂涎三尺、主打獨門果醬的鬆餅名店聚集在此，讓人每每到夏威夷時總忍不住往凱盧阿跑。

自駕出門的話比較沒問題，但如果是選擇The Bus等其他交通方式，建議抵達凱盧阿後先租一台腳踏車（徒步自城鎮前往Kailua Beach需30分鐘）。凱盧阿有不少店家過了中午就會打烊，如果想要避開排隊人潮，建議大家在前最好先填飽肚子。如果想要避開排隊人潮，建議大家在前最好先填飽肚子。如果想要避開排隊人潮，建議大家在海邊之前最好先填飽肚子。Boot's & Kimo's，所以去海邊之前最好先填飽肚子。如果想要避開排隊人潮，建議大家可以外帶餐點。在海邊公園一面望著海一面享用美食，感覺也變得更好吃了。

時間不夠的話起碼要逛這些地方。

三言兩語揪出小鎮特色。

總之就是Beach！Beach！Beach！！

凱盧阿擁有獲選為全美No.1的海灘Kailua Beach，並和Lanikai Beach等其他超美的海灘相連成一片。如果想要去一些比較少人會去的地方，可以選擇因歐巴馬總統會造訪而得名的「Obama Beach」。

▶ **Kailua Beach**
カイルア・ビーチ
(MAP) P.178 F-1　♀ 搭乘The Bus 56、57、57A號公車，並於Kailua Shopping Center轉乘70號公車

▶ **Lanikai Beach**
ラニカイ・ビーチ
(MAP) P.178 F-4　♀ Mokulua Dr.旁。搭乘The Bus 57、57A號公車，並於Kailua Shopping Center轉乘70號公車

▶ **Kalama Beach**
カラマ・ビーチ
(MAP) P.178 E-4　♀ N Kalaheo Ave.旁。自Ala Moana Center搭乘The Bus 56、57、57A號公車，並於Kailua Town騎腳踏車前往或轉乘85號公車

2大超市之間也一走就到

從有機化妝品到熟食應有盡有的Whole Foods Market，以及充滿高品質雜貨的Target。歐胡島就只有這裡可以單靠走路就逛完2間人氣超市。因為很容易逛一逛就失心瘋，所以建議要回飯店前再繞去逛喔。

Target Kailua
ターゲット・カイルア
(MAP) P.178 E-2
☎ 808-489-9319
🏠 345 Hahani St.
🕐 8:00～22:00
（週日～21:00）🔓 全年無休
♀ Hahani St.上

Whole Foods Market Kailua
ホールフーズ・マーケット・カイルア
(MAP) P.178 E-1
☎ 808-263-6800
🏠 629 Kailua Rd.
🕐 7:00～22:00
🔓 全年無休　♀ Kailua Rd.上

特色果醬鬆餅的聖地

這區是鬆餅店的密集地帶，各家鬆餅都淋上滿滿的果醬。有主打夏威夷百香果Lilikoi製成之清爽果醬的Moke's、Boot's & Kimo's、酸甜芭樂果醬使人一吃上癮的Cinnamon's等等，每一間都十分有人氣，必須做好排隊的心理準備。

Cinnamons's Restaurant (MAP) P.178 E-1
シナモンズ・レストラン

Moke's Bread & Breakfast →P.39
モケズ・ブレッド＆ブレックファスト

Boot's & Kimo's →P.38
ブーツ＆キモズ

二手寶藏的沉眠之地

或許是因為有些名人搬離高級住宅區凱盧阿時留下了不少東西的緣故，在凱盧阿，你很容易找到保存狀況優良的二手物品。Kailua Pickers裡每一層架上物品的擁有人都不一樣，可以挖出不少寶物。

Kailua Pickers →P.149
カイルア・ピッカーズ

Ali'i Antiques I (MAP) P.178 E-1
アリィ・アンティークスI

ACCESS

最推薦租車，而且建議開72號線。雖然是繞遠路，但開在這條東海岸道路上，全程都有看不完的風景（→P.20）。至於開H1→61號線的話大約30分鐘便能抵達。如果搭乘The Bus，從Ala Moana Center搭乘56、57、57A號公車，並於Kailua Shopping Center下車。車程約40分鐘。

租台腳踏車，全區趴趴走
Kailua Bicycle
カイルア・バイシクル

(MAP) P.178 E-1　☎ 808-261-1200　🏠 18 Kainehe St.
🕐 9:00～17:00（需預約）🔓 全年無休　$ 2小時$12～　♀ Kainehe St.上

11:00
30分鐘完成
現訂現做的
手環GET

Leinai'a
レイナイア

停車場內的粉紅色麵包車是他們最顯眼的特徵，不過他們已經於2018年10月開始店面了。皆本老闆會將海邊的貝殼撿回來，親手做成各種飾品。

(MAP) P.178 E-1 ☎ 808-295-6784
🏠 35 Kainehe St.,#101 ⏰ 10:00～17:00
🔒 週日、一 📍 Kainehe St.上
※新店面預計於2018年10月開張，
詳情請見Instagram:@leinaia

這麼可愛的手鐲也在逛街的時候就做好了！

Kailua
7h遊玩路線

在海邊盡興2小時後就到街上走走吧。許多商家的商品都充滿了老闆的心血結晶，千萬千萬別買太多囉！

12:00
探訪3間
神級選貨店

手拿包的款式琳瑯滿目，ALOHA Logo的款式為該店限定款。罩衫也充滿濃濃的夏威夷風情。

嬰幼兒服飾原料為有機棉，質感非常舒適。

WIMINI HAWAII
ウィミニ・ハワイ

運用木質營造溫馨感的店內，陳列著許多細心製作出來的服飾。有質地柔軟的原創T恤、親手印花的托特包等。而且還有嬰幼兒服飾區喔。

(MAP) P.178 E-1 ☎ 808-462-6338
🏠 326 Kuulei Rd.
⏰ 10:00～17:00（週日～14:00）
🔒 全年無休
📍 Kuulei Rd.上

Aloha Superette
アロハ・スプレット

SAMUDRA設計師Jennifer Binney所開設的商店。店內不僅有曾颳起一陣旋風的SAMUDRA手拿包以及服飾，還有得到來自全球的雜貨與化妝品。

(MAP) P.178 E-1 ☎ 808-261-1011
🏠 438 Uluniu St.
⏰ 10:00～17:00
🔒 週日
📍 Uluniu St.上

Olive Boutique
オリーブ・ブティック

時尚感與凱盧阿特有的閒適氣氛達到絕妙平衡，商品包含LA當紅品牌和當地設計師的單件商品，是時尚玩家們鍾愛不已的古著店。

(MAP) P.178 E-1 ☎ 808-263-9919
🏠 43 Kihapai St. ⏰ 10:00～18:00
（週六、日～17:00） 🔒 全年無休
📍 Kihapai St.上

Pyrex耐熱容器
$15.50～。Fire
King的馬克杯也
琳瑯滿目。

Kailua Pickers
カイルア・ピッカーズ

每一層架上商品的擁有者都不同，價格也都是各
個擁有者決定的，所以有時會發現令人大吃一驚
的寶物呢。店內看得到夏威夷的二手物品，也看
得到Fire King品牌商品，品項十分有趣。

(MAP) P.178 E-1　☎ 808-392-8831
🏠 326-3 Kuulei Rd.　🕙 10:00～16:00
🔒 週日　📍 Kuulei Rd.上

15:00
到二手商店尋寶！

14:00
來碗淋上
天然糖漿的刨冰
涼快一下

The Local Hawaii
ザ・ローカル・ハワイ

開在選貨店「Aloha Beach
Club」旁的刨冰店。他們的糖
漿皆為手工製作，還可以吃到夏
威夷特殊的風味。

(MAP) P.178 E-2　☎ 無
🏠 131 Hekili St.
🕙 10:00～18:00
🔒 全年無休
📍 Hekili St.上

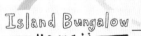

天然的甜味
充分融入刨
冰。$5.50

13:00
到工作坊做出屬於自己的
紮染產品

Island Bungalow
アイランド・バンガロー

充滿各種來自印度和摩洛哥、土耳其等
地的原創小物。他們每個月還會開辦
Tie Dye（紮染）工作坊，可以到官網
上確認時間。

(MAP) P.178 E-2　☎ 808-536-4543
🏠 131 Hekili St.
🕙 10:00～18:00
🔒 全年無休
📍 Hekili St.上

杯墊一個$4、加了
有機薰衣草的香包
$14，個個都是親手
製作。

Haleiwa

衝浪手趣之若鶩的古早味城鎮 ♡

目標是懷舊的景象與「當地特有的美食」

從威基基開車北上約1小時，就會抵達哈雷伊瓦。而這裡也正是北海岸（North Shore）的入口，一個全球衝浪手皆嚮往的地方。主要幹道Kamehameha Hwy.旁，各種懷舊且色彩繽紛的建築物與招牌並立，彷彿穿越了時空，回到那個甘蔗種植產業發達的年代。這裡還有許多融入在地古早味的新潮商店，如衝浪手常去的素食咖啡廳和濃縮了老闆品味的選貨店，新潮之中竟也令人產生懷念的感覺。

說到哈雷伊瓦，絕對不能漏了蒜爆鮮蝦和刨冰！吃完這兩樣東西、休息好後再一路向北，朝著巨浪來襲的北海岸前進吧。雖然巨浪只在冬天出現，但看到衝浪手們搏命衝浪的模樣，心中真的是感觸萬分。

時間不夠的話起碼要逛這些地方。
三言兩語揪出小鎮特色。

冬天才有的特殊光景
就是要觀賞衝浪手的英姿

冬天時，職業等級的衝浪手都會聚集在大浪頻頻的北海岸！看著他們挑戰足以引起地鳴的大浪，就令人沉迷得忘了時間。夏天的海雖然風平浪靜，但也不是隨時都可以去做海水浴，這點大家要注意。也別忘了到衝浪手愛去的咖啡廳坐坐。

Sunset Beach →P.57
サンセット・ビーチ

Ehukai Beach Park →P.32
エフカイ・ビーチ・パーク

The Beet Box Cafe →P.152
ザ・ビート・ボックス・カフェ

哈雷伊瓦，潮流的發源地
餐車美食巡禮

現在歐胡島隨處可見的餐車，最早就是從北海岸開始的。不光是超級知名的Giovanni，其他還有很多地方都有餐車聚集的地點，而且販賣的東西也都五花八門。

Camaron →P.79
カマロン

Dat Cajun Guy →P.79
ダット・ケイジャン・ガイ

第一次來的話就先到這裡
稱霸3大北部名產

如果第一次到夏威夷玩的話，一定要吃到哈雷伊瓦三寶！①蒜爆鮮蝦②刨冰③Huli Huli Chicken。販賣③的Ray's Kiawe Broiled Chicken只有週末才會營業喔。

Giovanni's Aloha Shrimp →P.79
ジョバンニズ・アロハ・シュリンプ

Matsumoto Shave Ice →P.111
マツモト・シェイブアイス

Ray's Kiawe Broiled Chicken →P.81
レイズ・キアヴェ・ブロイルド・チキン

ACCESS

搭乘The Bus雖然也可以到哈雷伊瓦，不過從阿拉莫阿那中心搭車到這裡大約要1個小時40分鐘，花的時間太長，我覺得划不來，所以還是選擇可以隨心所欲移動的自駕方式吧。從威基基出發經H1、H2進入99號線後一路北上，開過杜爾鳳梨園（Dole Plantations）繼續前行，進入83號線後馬上就到了。兜風時間大約1小時。

10:00
發現全歐胡島
最可愛飾品

NOELANI HAWAII BOUTIQUE
ノエラニ・ハワイ・ブティック

擁有不少粉絲的珠寶設計師Noelani所
經營的商店。使用貝殼和天然礦石做成
的精緻飾品十分受歡迎。店內有耳環、
項鍊、戒指,不愧是直營店,豐富度就
是不一樣。

MAP P.179 C-1　☎ 808-389-3709
🏠 59-018 Huelo St.
🕐 11:00~16:00
🔒 週四、日　📍 Kamehameha Hwy.上

天然石頭製成的長耳環和
Sunrise Shell貝殼製作
的項鍊。

Haleiwa
5h遊玩路線

前往北海岸之前,先在古色
古香的小鎮裡走走,逛逛衝
浪手們最愛的商店吧。

11:00
在融入城鎮的
自然派咖啡廳&
商店觀察衝浪手!

Guava Shop

Noelani Studios→

Matsumoto Shave Ice

Ray's Kiawe Broiled Chicken

Joseph P.Leong Hwy.

FOOD・GAS・SHOPS・BEACHES

NUMBER 808

Celestial Natural Foods
セレスティアル・ナチュラル・フーズ

長年受大家愛戴的北海岸自然商店。瀰
漫著古早氣息的店內,擺滿了各種有機
蔬果、營養補給品以及自然化妝品。

MAP P.179 A-5
☎ 808-637-6729
🏠 66-443 Kamehameha Hwy.
🕐 9:00~19:00(週日~17:00)
🔒 全年無休　📍 Kamehameha Hwy.上

The Beet Box Cafe
ザ・ビート・ボックス・カフェ

從左項的自然派商店中獨立出來的咖啡
廳。波特貝拉菇三明治$12.75等餐點幾
乎都使用有機食材,素食菜單品項也很
豐富!

MAP P.179 A-5　☎ 808-637-3000
🏠 66-437 Kamehameha Hwy.
🕐 7:00~16:00
🔒 全年無休
📍 Kamehameha Hwy.上

外表可愛、內在有機的
香皂可以當作伴手禮

Bubble Shack Hawaii
バブルシャック・ハワイ

以有機原料製作的手工香皂專賣店。店裡陳列著許多色彩繽紛的香皂，散發出迷人的香味。還有很多杯子蛋糕型和馬卡龍型的甜點造型香皂，非常適合拿來送禮。

(MAP) P.179 A-5　☎ 808-829-3186
🏠 66-528B Kamehameha Hwy.
🕙 10:00～18:00
🔓 全年無休　📍 Kamehameha Hwy.上

Number808
ナンバー808

這間選貨店內，擺了許多老闆靠著一雙慧眼從世界各地蒐集來的雜貨和藝術品、服飾。散發出非常應景的「Surf Lifestyle」。

(MAP) P.179 A-5　☎ 808-312-1579
🏠 66-165 Kamehameha Hwy.
🕙 10:00～17:00
🔓 全年無休
📍 Haleiwa Shopping Plaza內

自有品牌QUALITY PEOPLES中性的設計很酷。ALO TO HAZEN的手工靠枕也不錯。

13:00
前往衝浪女孩的愛店

Guava Shop
グアバ・ショップ

人氣選貨店遷至Haleiwa Store Lots購物中心內重新開幕。在LA和夏威夷，那種不管穿去海邊還是穿上街都合適的衣服可是熱銷商品呢。這裡還有很多當地藝術家創作的雜貨喔。

(MAP) P.179 B-5　☎ 808-637-9670
🏠 66-111 Kamehameha Hwy.
🕙 10:00～18:00
🔓 全年無休　📍 Haleiwa Store Lots內

可以直接穿著泳裝套上的原創罩衫與短褲。

12:00
帶著咖啡與甜點
在街上悠哉散步

Coffee Gallery
コーヒー・ギャラリー

購入以夏威夷為主，來自世界各地的嚴選咖啡豆，並由自家工廠自行烘焙。除了有冰摩卡$5.25，還有夏威夷豆椰香三層糕（Haupia Bar）$3.95等甜點。糕點部分也是自己做的，另外也有販售適合當作伴手禮的樣品豆。

(MAP) P.179 A-5　☎ 808-637-5355
🏠 66-250 Kamehameha Hwy.
🕙 6:30～20:00
🔓 全年無休　📍 Kamehameha Hwy.上

Chinatown

在充滿歷史情懷的城鎮尋找美食

最新潮文化與
老夏威夷交雜的城鎮

從搭船旅遊最風行的時代開始，唐人街就溫暖地展開雙臂，迎接到港的旅客。

這裡不僅保留了磚造建築和花圈商店這些往昔的風貌，同時也有越來越多特色商店冒了出來。年輕人為這座城鎮挹注了全新的活力，特別在飲食方面，可說是歐胡島數一數二的等級。除較多店家公休的禮拜天外，都推薦去走走逛逛。

ACCESS

從威基基搭乘The Bus E、2、13號公車（Hotel St.下車，或是搭乘19、20、42號公車（Beretania St.和Smith St.的交叉路口附近下車）。回程時則於King St和Maunakea St.的站牌上車。不僅只要30分鐘就能抵達，班次也很頻繁，十分方便。晚上的治安比較差，所以晚上想上餐廳的話就搭計程車吧。

三言兩語揪出小鎮特色。

· 這時來就對了！每月第一個星期五
每月第1個星期五舉辦活動時，街上會有人演奏音樂，而這一帶的店家也都會延長營業時間，彷彿一場盛大的慶典。

· 遊覽夏威夷在地藝術家的藝廊
以夏威夷人氣藝術家Pegge Hopper為首，不少夏威夷藝術家都有開設藝廊。而且還有販售適合當伴手禮的明信片喔。

· 高品質美食令人驚艷
在Downtown工作的人會在午間魚貫而入，晚上下班後也會有不少當地人到這喝一杯。食物品質非常高！（→P.48）

Wing
ウイング

活用食材味道和顏色，鮮果風味十足的冰品大受歡迎。這間店的另一項魅力，是還有羅勒和玫瑰等特殊的口味。淋上自製水果糖漿的刨冰也超好吃。

(MAP) P.183 A-2　☎ 808-536-4929
🏠 1145 Maunakea St.
🕐 12:00～22:00（週五、六～23:00、週日～18:00）
🚫 週一　📍 Maunakea St.上

草莓、檸檬、Lilikoi綜合口味的夏威夷風刨冰。$2.60～

12:00
雜貨和衣服
都到特色SHOP尋找

14:00
享用當地人喜愛的
冰品＆冰沙來休息一下

Summer Frappe
サマー・フラッペ

使用新鮮水果現作果昔的人氣甜品店。除了芒果、木瓜、鳳梨等招牌果昔外，還有加了粉圓的飲品，選擇十分多元。

(MAP) P.183 A-2　☎ 808-772-9291
🏠 82 N.Pauahi St.
🕐 9:00～17:00
📅 全年無休
📍 N Pauahi St.上

濃郁卻清爽的口感！
芒果＆柳橙。

BARRIO

Barrio Vintage
バリオ・ヴィンテージ

大膽的花紋、色彩繽紛的懷舊風洋裝等1950～70年代的古著品項十分豐富。所有洋裝的價位都在$30左右，如果能找到自己喜歡的商品真的是很幸運呢！若你想尋找穿出個人特色的服裝，絕對不能錯過這裡！

(MAP) P.183 A-2　☎ 808-674-7156
🏠 1160 Nuuanu Ave.
🕐 11:00～18:00（週六～17:00）
🚫 週日　📍 Nuuanu Ave.上

$20～39的洋裝，整體價格都不貴！

原創的特色蠟燭和化妝包十分漂亮，女孩子肯定愛不釋手。

除了草裙舞女郎娃娃之外，也有一些古早味的紙藝品。

Roberta Oaks
ロベルタ・オークス

線條漂亮的洋裝，時髦且鮮艷的圖案，店裡滿滿女性風格的商品，幾乎都出自Roberta的設計！另外也有貝殼飾品等夏威夷風情濃厚的商品。

(MAP) P.183 A-2　☎ 808-526-1111
🏠 19 N.Pauahi St.　🕐 10:00～18:00
（週六～16:00、週日11:30～16:00）　📅 全年無休
📍 N Pauahi St.上

11:00
挑選老闆慧眼獨具的
古董雜貨

Tin Can Mailman
ティン・カン・メールマン

店裡塞滿了夏威夷雜貨和二手書，全都是老闆Christopher靠他豐富的知識 蒐集而來的寶物！從草裙舞女郎娃娃到明信片、夏威夷襯衫等，懷舊的夏威夷商品琳瑯滿目。

(MAP) P.183 A-3　☎ 808-524-3009
🏠 1026 Nuuanu Ave.　🕐 11:00～17:00
（週六～16:00）　🚫 週日　📍 Nuuanu Ave.上

咖啡廳也好酒吧也好，最新潮的事物都在卡卡厄科！

曾是倉庫區的卡卡厄科，如今備受矚目。不僅隨處可見熱門咖啡廳以及酒吧、商店，一到假日更湧入許多當地人。

最令人感到有趣的是，整個地區牆上精采絕倫的塗鴉藝術！不僅出自夏威夷藝術家之手，也有不少是國外藝術家所繪，你可以進行探險，找尋喜歡的作品。這個地區尚在開發中，所以一定會有不少新發現

Kakako

藝 術 滿 載 的 潮 流 發 源 地

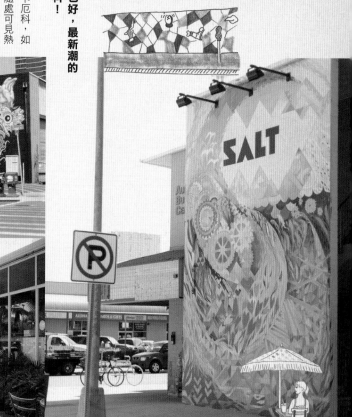

ACCESS

從威基基搭乘The Bus 19、20、42號公車，於Ala Moana Blvd.和Ward Ave.的交叉路口下車。接著步行約20～30分鐘就會抵達卡卡厄科。基本上當地人要到這裡都會開車，幾乎不會有人走路。而傍晚過後這區會變得十分荒涼，走路不僅不安全，而且就城鎮的規模來看，走路不太方便，所以建議開車前往。

三言兩語揪出小鎮特色。

‧充滿塗鴉藝術

卡卡厄科的藝術牆源自一項名為「POW！WOW！HAWAII」的活動，而這項活動每年都會舉辦。

‧熱鬧非凡！活動多多

檀香山夜市不僅有現場演奏，也有許多食物的攤位！（每月第3個禮拜六晚上。）

‧時髦咖啡廳＆商店增設中

從ARVO（→P.95）開始，新開的店家越來越受到當地人熱烈歡迎。與其看著導覽手冊，不妨親自尋找不錯的商家。

10:00
一手拿著咖啡
看看盆栽和雜貨

PAIKO
バイコ

開闊的店內，擺設許多觀賞植物和香皂、蠟燭等室內裝潢小物，充滿了舒適的氣氛！可以在內部附設的咖啡廳（→P.95）喝喝咖啡，找找自己喜歡的商品。

(MAP) P.183 C-5 ☎ 808-988-2165
🏠 675 Auahi St.
🕘 9:00〜18:00（週日〜16:00）
🔒 全年無休
📍 SALT At Our Kakaako內

11:00
午餐就來一份
簡單的
多汁熱狗

使用了有機椰子油的鎮痛藥膏$14、腮紅＆唇膏$15。

Hank's Haute Dogs
ハンクス・オート・ドッグス

在話題十足的購物商圈「SALT」內，是一間外觀深綠、引人注目的熱狗店。他們的熱狗種類十分豐富，其中放了滿滿鳳梨的夏威夷口味$5.75還曾打入全美10大熱狗排行。

(MAP) P.183 C-5 ☎ 808-532-4265
🏠 324 Coral St. 🕘 11:00〜16:00（週五、六〜18:00）🔒 全年無休 📍 Coral St.上

12:00
到倉庫找文具

Fisher Hawaii
フィッシャー・ハワイ

紙箱都快堆到天花板的店裡，簡直就跟一座巨大倉庫沒兩樣。架上擺滿了文具、派對用品及包裝用品等商品，給人一種尋寶的感覺！

(MAP) P.183 C-4 ☎ 808-356-1800
🏠 690 Pohukaina St.
🕘 7:00〜18:00（週三〜20:00、週六8:00〜17:00、週日10:00〜15:00）
🔒 全年無休 📍 Pohukaina St.上

14:00
尋找藝術雜貨

13:00
尋找簡約且舒適的衣服

Here.
ヒア

「at Dawn」等自然風格服飾品牌一應俱全的服飾店。他們豐富的商品都十分出眾，光是簡單穿上身的線條就很漂亮了。

(MAP) P.183 C-5 ☎ 808-369-2991
🏠 685 Auahi St. #2-115
🕘 10:00〜18:00（週日〜17:00）
🔒 全年無休 📍 SALT At Our Kakaako內

也有不少其他地方看不到的特色雜貨！

Fishcake
フィッシュケーキ

充滿古色古香家具和地方藝術家作品的家具店。還能喝到馬諾狗人氣咖啡廳「Morning Glass Coffee（→P.94）」的咖啡。

(MAP) P.182 D-5 ☎ 808-593-1231
🏠 307 Kamani St.
🕘 9:00〜17:00（週六10:00〜16:00）
🔒 全年無休 📍 Kamani St.內

Map labels: Fisher Hawaii / PAIKO / Fishcake / Honolulu Night Market / Ward Ave. / Auahi St. / Ala Moana Blvd. / Hank's Haute Dogs / ward warehouse

Manoa
登山健行順便到街上走走

STARBUCKS COFFEE

彩虹峽谷的蓊鬱森林
令人自然地深呼吸

從威基基開約20分鐘的車，就能抵達這座群巒環繞的小鎮，馬諾阿。

令人憂鬱的雨，換在這座城鎮則成了帶來彩虹與盎然生機的幸福使者。如果想追求更濃厚的綠意，就健行前往馬諾阿瀑布吧。街上也有咖啡廳和健康甜點店，別忘了要補充能量喔。

ACCESS

從威基基開車北上約20分鐘的車程。斜坡一路往上開就能抵達馬諾阿。如果想要自由自在享受健行和在街上散步的樂趣，建議租一台車自駕前往，不過搭The Bus也可以到。從阿拉莫阿那中心搭乘往馬諾阿方向的6號公車，車程需30分鐘。

三言兩語揪出小鎮特色。

・叢林與瀑布健行
提到馬諾阿，便會想起那緊鄰在小鎮背後的蔥蔥鬱鬱以及溪谷。馬諾阿瀑布對健行新手來說也不至於太難，建議大家去走走看。

・多雨帶來頻繁的彩虹
由於這裡氣候多雨，所以山上總是綠油油的，也不時會出現彩虹，甚至還流傳著彩虹女神的傳說，是一座很有神秘色彩的小鎮。

・許多受在地人喜愛的咖啡廳
小鎮內有許多深受當地的老闆所經營的咖啡廳和商店，個個魅力十足，值得專程到這邊來逛一逛。

12:00
購買充滿巧思的巧克力

9:00
一到馬諾阿就先來健行！

Manoa Valley
馬諾阿溪谷

來回一趟約2小時的路程。一路上身旁可見不少巨大蕨類等特殊的植物，令人大飽眼福，而高低差60m的馬諾阿瀑布則在終點等著你。
→P.28

Choco le'a
チョコ・レア

夏威夷產和比利時產可可製成的高級巧克力非常受歡迎。店家經常推出新口味的松露巧克力，目前已經超過50種口味。果乾巧克力也非常受歡迎。

(MAP) P.180 D-2 ☎ 808-371-2234
🏠 2909 Lowrey Ave. ⏰ 10:00～18:00
🔒 週六～一 📍 Lowrey Ave.上

13:00
超～寬敞的校園，帶著學生的心情散步

11:00
到馬諾阿的地標坐下來小憩一下

Starbucks Manoa Valley
スターバックス・マノア・バレー

照片拍起來超美的星巴克，外牆粉刷成綠色是象徵馬諾阿豐富的綠意。到馬諾阿溪谷健行完後，可以來這裡稍微休息一下。

(MAP) P.180 D-2 ☎ 808-988-9295
🏠 2902 E.Manoa Rd. ⏰ 5:00～21:30
（週五～20:00、週六、日～21:00） 🔒 全年無休
📍 Manoa Rd.和Huapala St.的交叉路口

University of Hawaii
夏威夷大學馬諾阿分校

位在馬諾阿丘陵上，是夏威夷大學最大的校區。校園可自由進出，在裡頭的咖啡廳和中庭吃午餐、買點小販的Logo商品都樂趣十足。

(MAP) P.180 D-3 ☎ 808-956-8111
🏠 2500 Campus Rd. 📍 University Ave.上、從威基基開車前往10分鐘

Andy's Sandwiches & Smoothies
アンディーズ・サンドウィッチ & スムージーズ

於星巴克這個馬諾阿地標旁的商店，裡頭充滿濃濃的當地氣息。夾了滿滿新鮮蔬菜的三明治以及濃郁的果昔都是人間美味。

(MAP) P.180 D-2 ☎ 808-988-6161
🏠 2904 E. Manoa Rd. ⏰ 7:00～17:00
（週五～16:00、週日～14:30） 🔒 週六
📍 E. Manoa Rd.和Huapala St.的交叉路口

LOVELY LOCAL TOWN
LOCAL TOWN所發現的可愛事物

#sugarcane #kaimuki
#shabby chic

#aloha superette #kailua
#神級選貨店

#sandy beach #locoboy
#勇敢的趴板衝浪手

#sunset beach
#northshore

#kailua pickers #antiques
#超多珍貴寶物

#flower
#回過神來拍了一堆花

#haleiwa
#nostalgic town

#liliha bakery #nostalgic
#甜麵包超好吃

#tropicalfruits #northshore
#自產自銷的水果站

THE
HOTEL
guide

一 輩 子 得 住 上 一 次 的
夏 威 夷 旅 館 。

It's my recommended hotels

THE KAHALA HOTEL & RESORT

1 Favorite reason

**因為喜歡海玻璃吊燈
搖曳的大廳。**

飾以多達2萬8000件威尼斯玻璃的
吊燈，將大廳點綴得華麗無比。據說
這幾盞吊燈是希望做成海玻璃的模
樣，晚上點亮時會散發出夢幻般的光
芒，令人著迷。

2 Favorite reason

因為泳池和海灘，都充滿了私密感。

在海邊玩完後，就到棕梠樹吊床上小睡一下。別忘了在朝海上突出的小小半島「Kissing Point」拍照留念喔。

3 Favorite reason

因為51m²的房間實在太舒服了。

The Kahala Hotel & Resort的客房面積有51m²，寬敞得不得了。連浴室都有15m²，而且還有兩個洗手台，可以2人同時使用。

4 Favorite reason

因為有可愛的海豚會來找你玩。

生活在潟湖之中的海豚，有時還會躍出水面給你看呢。如果想要有更多接觸，可以參加Dolphin Quest的活動（需收費）。

5 Favorite reason

因為有令人心情澎湃的早餐等著。

Plumeria Beach House的自助早餐讓人期待得不小心起了個大早。知名的薄片鬆餅非吃不可！（→P.39）

The Kahala Hotel & Resort

ザ・カハラ・ホテル＆リゾート

MAP P.180 F-3 ☎ 808-739-8888
🏠 5000 Kahala Ave.
IN 15:00 OUT 12:00
🛏 338 $ Scenic $425〜與其他房型
📍 Kahala Ave.上，從威基基開車前往約15分鐘。

在名人超愛的飯店，無所事事度過假日

　　夏威夷最奢侈的過法，大概就是「什麼也不做」了。The Kahala Hotel & Resort是一間最適合「什麼也不做」的飯店，整體氛圍十分安詳，就連感受性不怎麼高的我都能感覺到這裡的「氣」很好。

　　辦理好入住手續後，可以到有海豚游來游去的潟湖走走，

也可以租下茅草小屋（1天$65），在海邊悠閒度過。

　　如果要追求更頂級的休閒時光，那就到使用了夏威夷當地產品的The Kahala Spa或去The Veranda喝下午茶。相信你馬上就會明白，為什麼世界各地的名人會接踵而至了。

TRUMP INTERNATIONAL HOTEL WAIKIKI

1 Favorite reason

因為放眼望去
是一望無際的綠樹×海景

從擁有462間房、樓層共38樓的飯店俯瞰，可以一覽一大片Fort DeRussy公園與祖母綠色的海洋。就算是自己做的料理，只要搭配這幅美景和夏威夷產的葡萄酒，也能變得津津有味。

3 Favorite reason

因為明明這麼奢華了，
還提供超方便的服務。

有一種服務叫做「Attache service」，只要在抵達飯店前告訴他們你需要的東西，他們就會替你買好（需收費）。簡直是無微不至的款待。

2 Favorite reason

因為想一直在
Infinity Pool裡玩。

可以欣賞公園植物的Infinity Pool，開放時間為6:00～22:00。還可以在池邊享用種類豐富的雞尾酒，度過放鬆的時光。（食物＆雞尾酒供應時間為11:00～18:00）

Trump International Hotel Waikiki
トランプ・インターナショナル・ホテル・ワイキキ

MAP P.187 A-4　☎ 808-683-7777
🏠 223 Saratoga Rd.
IN 16:00　OUT 12:00　🛏462
$ Studio City View $391～與其他房型
📍 Saratoga Rd. 和Kalia Rd.的交叉路口

4 Favorite *reason*

因為有附設廚房，
房間可以瞬間化身
為高級餐廳。

幾乎所有客房都備有整套餐廚系統家具
或是簡單的小廚房，讓人可以像住在公
寓一樣度過自在的夏威夷假期。如果是
超過1間寢室的客房，還會附洗衣機和
烘衣機，對長期旅遊的人來說十分便
利。

5 Favorite *reason*

因為有陰陽咖啡廳的
早餐在等著我。

招牌的自助早餐$34不僅可以製作喜
歡的貝果三明治，連和風早餐都有供
應，種類十分齊全！單點的自製鬆餅
$20也很推薦大家點來吃！

在居住型高級飯店享受雍容華貴的VIP款待

想要擁有在家一般的舒適生活，又想體驗和平常
不一樣的飯店全套服務，能同時達成這兩種相反願
望的地方，就是Trump International Hotel
Waikiki了。這間夏威夷數一數二的飯店，於靠
Saratoga Rd.一側的客房可以望見海洋和公園樹
木，而且附廚房的客房不僅待起來舒適非凡，如果

再加上五星級飯店那種能因應每一位客人需求的細
膩服務，感覺整個人馬上成了VIP。而且住房期間
還可以享受到其他樂趣，如陰陽咖啡廳（→P.39）
的自助早餐和The Spa at Trump等，最適合需要
長期居住的旅客了。

Recommended HOTEL_03 エンバシー・スイーツ・バイ・ヒルトン・ワイキキ・ビーチ・ウォーク

EMBASSY SUITES BY HILTON® WAIKIKI BEACH WALK®

1 Favorite *reason*

因為日落時間可以盡情享用雞尾酒。

每天一到日落時間，池邊的雞尾酒吧就會開始營業。這裡可以免費喝到啤酒、葡萄酒、以及南國風情雞尾酒，而且無限暢飲。每個禮拜一、三、五、六的17:30開始還會有現場演奏！

EMBASSY SUITES BY HILTON® WAIKIKI BEACH WALK®

エンバシー・スイーツ・バイ・ヒルトン®
ワイキキ・ビーチ・ウォーク®

MAP P.187 B-4　☎ 808-921-2345
🏠 201 Beachwalk
IN 15:00　OUT 11:00
$ 單人Suite套房 City View $299～
📍 Beachwalk 旁

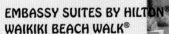

2 Favorite *reason*

因為池邊的免費瑜珈課讓人身心都放鬆。

禮拜一、三、五的7:00～8:00，游泳池邊會開設免費瑜珈課程。可以在吃早餐前先讓身體甦醒過來，心情愉悅地開啟一天的行

4 Favorite *reason*

**因 為 全 套 房 都 附
迷 你 吧 檯 ，
生 活 起 居 太 方 便 了 。**

全客房都是客廳與寢室分開的Suite套房
所以可以不必理會還在睡覺的朋友，在客廳
好好放鬆。而且房裡還有微波爐與小小的流
理台、以及冰箱，設備十分完善，如果想吃
點簡單的宵夜也可以輕鬆煮好。

3 Favorite *reason*

**因 為 這 裡 的 自 助 式 早 餐
免 費 附 贈 ， 在 威 基 基 十 分 少 見 。**

5 Favorite *reason*

**因 為 飯 店 員 工
待 你 如
「 O H A N A （ 家 人 ） 」 。**

住房期間，所有飯店員工都
非常友善，令我很吃驚。
我想一定是因為他們滿懷這
樣的接待之心，才讓第一次
住房的我莫名地自在。

你可以自行挑選喜歡的食材，再交給站櫃廚師
幫你製作歐姆蛋。而且連日式早餐都有。這樣
的自助早餐居然可以免費享用！

威基基唯一一間全為套房的飯店，奢侈非凡

　　全部房間皆為Suite套房的奢華飯店。客房裡有
一個附水槽的小吧檯，另外也備有熱水壺，讓你在
住房期間享受無與倫比的舒適。

　　另外還有免費的自助早餐，這在威基基算是非常
少見的服務。豪華到過分的餐點，讓人從一大早開
始就心情雀躍。而我個人認為這間飯店最大的魅

力，是每天傍晚於游泳池邊提供服務的池邊接待
所，不但可以在池邊暢飲啤酒和雞尾酒，更令人驚
訝的是都不用錢。購物、海洋、池邊的雞尾酒、房
間內的深夜交談……不管你想要度過怎麼樣的一個
夏威夷時光，這座全能的旅館都能滿足你的需求。

Recommended HOTEL_04 ハレクラニ

HALEKULANI

1 Favorite *reason*

因為想在
浮現嘉德麗雅蘭的泳池邊
欣賞名人雅士。

池邊從一大早開始就是爭奪躺椅
的戰場。一旦確保池邊有位子，
就可以舒舒服服眺望游泳池外顯的
Kawehewehe了。上午和下午還會
發放免費的點心，超棒的！

3 Favorite reason

因為可以聽到歷史故事，讓你更愛這裡！

Halekulani的歷史和夏威夷原住民的文化息息相關，而這裡每個禮拜都會有2次歷史文化的導覽活動。夏威夷Hiinani（Halekulani歷史學家）所講述的故事十分膾炙人口！

2 Favorite reason

因為喜歡優雅至極的白色大廳。

從辦理入住手續的大廳一路延伸出去的白色走廊，每次看到都能感受其端莊典雅的氣質。聖誕季節時掛上的槲寄生也很漂亮。

4 Favorite reason

因為白色的客房總是始終如一地迎接回頭客。

世界各國都有三番兩次選擇下榻這間飯店的客人。為了讓這些客人能隨時感覺到在家般的舒適，飯店自創業時所使用的設計概念從未改變。

5 Favorite reason

因為看到蘭花的標誌就會沒來由地興奮起來。

這間飯店，讓喜歡夏威夷的朋友、沒去過夏威夷的家人都異口同聲說出：「總有一天一定要去一次Halekulani。」所以光是看到這個標記就令人雀躍了起來。

Halekulani
ハレクラニ

MAP P.187 B-4　☎ 808-923-2311
🏠 2199 Kalia Rd.
IN 15:00　OUT 12:00
🛏 453　$ Garden Courtyard $595～與其他房型
📍 Kalia Rd.上

有「人間仙境旅館」之稱的知名旅館

雖然位處威基基中心，但氣氛十分沉靜，外面世界的紛擾彷彿都是假的。辦理好入住手續之後，你可以到有蘭花圖案的美麗泳池度過一天，也可以到House Without a Key（→P.125）欣賞歷代夏威夷小姐帶來的草裙舞，或沉浸在飯店的現場演奏直到滿意為止。

如果累了，就回到潔白色調的客房裡休息一下。迎接我們的客房，自開幕以來未曾變更過設計概念，使用不會太過強烈的顏色，給人的感覺非常舒服。這樣的設計讓跨世代的人們都鍾情於此。如果願意，也可以參加歷史導覽，聽一聽這座走過創業100週年的飯店有怎麼樣的歷史。

WAIKIKI BEACH MARRIOTT RESORT & SPA

3 Favorite reason

因為可以參加課程
親身體會夏威夷！

每天都有花圈製作、
夏威夷織布的課程，
可以透過課程親身體
驗夏威夷的文化。

4 Favorite reason

因為有許多讓你會
想再見上一面的人等著你。

櫃台也有日語專櫃，即使對英文沒
信心的人也不必擔心。充滿阿羅哈
精神的服務，讓你待在夏威夷時能
獲得完善的協助。

2 Favorite reason

因為處處點綴著
夏威夷歷史主題物品。

經過大規模翻修後，如今Nanea大廳已
經落成。他們以現代方式，描述了夏威夷
的歷史故事。入口旁就能看見麗留卡拉妮
（Lili'uokalani）女王的相關展示品。

1 Favorite *reason*

因為想把鑽石頭山盡收眼底。

能放賞到如此壯觀景色的房間，屬於「Diamond Head Ocean View」系列房型，只要換個角度就連海也看得見，是我心中最愛的房間。

5 Favorite *reason*

因為不光有鑽石頭山！海景房間也很棒。

只有高樓層飯店，才有辦法俯瞰毫無遮蔽物的海洋景色。鑽石頭山對面一側的房間，可以飽覽威基基的街景和海上熱鬧的風光。

Waikiki Beach Marriott Resort & Spa
ワイキキ・ビーチ・マリオット・リゾート＆スパ

(MAP) P.186 F-3 ☎ 808-922-6611
⌂ 2552 Kalakaua Ave.
(IN) 15:00 (OUT) 11:00 🛏 1310
$ City View $415、Oceanfront $560與其他房型
📍 Kalakaua Ave.和Oahu Ave.的交叉路口

無與倫比！鑽石頭山全景

　　Waikiki Beach Marriott Resort & Spa幾乎位於威基基正東邊，離卡波拉尼公園和鑽石頭山、檀香山動物園都很近。推薦給不僅想上街走走，也想參加好玩活動的人！

　　這座飯店最令我鍾愛的一點，就是能看見鑽石頭山壯闊的風景！也就是本頁上方放的一大張照片。

能望見一整座山的觀景地點可不是隨隨便便就有的。早晨可以看見太陽升起時自山後綻放的光芒，傍晚可以看見山岳在夕陽照耀下的壯麗陰影。光是看到鑽石頭山的各種面貌，似乎就能給人帶來一股能量呢。

Recommended HOTEL_06 アウトリガー・リーフ・ワイキキ・ビーチ・リゾート

OUTRIGGER REEF
WAIKIKI BEACH RESORT

1 **Favorite**
reason

因 為 濱 海 氣 氛
太 濃 烈 的 關 係。

因為這裡比起其他靠海的飯店蓋得更
突出到海灘上許多，所以可以享受視
野優良無比的海景！可以的話建議選
擇Oceanfront的房間。

2 Favorite reason

因為這裡有夢幻套房。

全部635間房中,只有5間為Oceanfront Suite(濱海套房)。而且這些套房在靠鑽石頭山一面跟靠海一面,加起來共有3個大陽台!奢侈得令人陶醉不已。

3 Favorite reason

因為有堪比博物館的展示,充滿了看點!

不僅有古代夏威夷人生活模樣的展示品,還有藝術家Herb Kane所繪製的Outrigger繪畫,四處都能感受到夏威夷的歷史情懷。

4 Favorite reason

因為可以透過免費活動實際感受夏威夷。

在致力於輔助夏威夷文化薪火相傳的Outrigger裡,你可以參與Kukui(石栗果)手鍊的製作課程、聽夏威夷故事等特別的活動。

5 Favorite reason

因為音樂×PUPU會讓夜晚嗨起來。

Kani Ka Pila Grille(→P.125)每天18:00~21:00都會有夏威夷的實力派音樂現場演奏。南國音樂配上南國餐點,心情嗨到最高點!

Outrigger Reef Waikiki Beach Resort

アウトリガー・リーフ・ワイキキ・ビーチ・リゾート

MAP P.187 A-4　☎ 808-923-3111
🏠 2169 Kalia Rd.
IN 15:00　OUT 11:00
🛏 635　$ City View $228~與其他房型
📍 Kalia Rd.上
位於日本的預約處:03-4588-6441

以夏威夷風情的裝飾與熱情的款待迎接客人到來

Outrigger Reef Waikiki Beach Resort的設計令人感受到滿滿夏威夷氣息,從抵達的那一刻起,夏威夷的開關馬上就打開了。如果是「第一次到夏威夷玩」的朋友,我都會推薦他們下榻這間飯店。

Outrigger非常珍視夏威夷和玻里尼西亞的文化,而他們的房間也很符合這項原則,櫃台前裝飾著許多雙體船的繪畫。辦理入住手續時,或許可以聽到他們介紹每一幅畫背後的故事喔。

至於最重要的房間部分,建議大家不妨咬緊牙關,狠下心來選擇Oceanfront的房間!看出去一望無際的碧藍海洋,一定會美到令你忍不住尖叫出來。

Q. JAPAN → HAWAII
入 境 前 需 要 準 備 什 麼 ？

A3. 海關申報表於飛機上完成

登機後、抵達前會發放海關申報表。書寫時請全部使用大寫字母。過海關時需要繳交，所以先在飛機上填好吧。

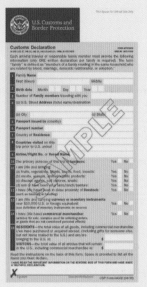

A1. 確認PASSPORT的有效期限

●有護照的人…
確認有效期限
雖然只要歸國當天也在有效期限內即可，但入境時的有效期限最好還是行程天數＋90天。

●沒護照的人…
先去申請
請至戶籍地的窗口辦理，並準備好所需文件，由本人或委任代理人臨櫃辦理。
↓
扣除週六、日、國定假日，辦理後一週便可領取護照。領取時務必由本人親自臨櫃，並攜帶收據、手續費。

A2. 所有人都「必須」申請的ESTA

待在夏威夷（美國）不超過90天，且往來來回機票的情況就不須簽證。但如果沒有簽證的人，就必須申請ESTA（旅遊許可電子系統）。最晚請於登機前72小時前至網路申請。

STEP1. 進入專用網頁，顯示語言選擇日語。之後按下申請。

STEP2. 確認免責聲明後，輸入姓名、出生年月日、護照號碼等資料。使用半形英數字輸入。費用$14。

STEP3. 輸入完畢後，按下送出。申請完畢後可以把畫面印下來，多一份保障。申請一次有效2年。

Q. AIRPORT → WAIKIKI
怎 麼 樣 從 機 場 到 威 基 基 最 輕 鬆 ？

第3名 不須預約的好方法，快速接駁車

前往威基基的交通方式中，撇除The Bus之外，最便宜的就是這個快速接駁車了。由於車型較小，不會有太多人共乘，而且也不會繞太多其他飯店。而不需事前預約這一點也很令人開心。航廈內到處都能看到他們的工作人員，只要告訴他們你要去的地方（飯店名）即可。

Speedi Shuttle
スピーディシャトル
☎ 808-342-3708
（有日語服務）
URL speedishuttle.com/japanese-concierge

費用
$15.48

注意
・最多只能帶2件行李上車
・來回費用比較划算

第4名 現實上不可能搭乘：The Bus

雖然費用只需$2.75，便宜到不行，但公車禁止客人拖著行李箱等大型行囊乘車。

第1名 毫不浪費時間！計程車

如果你不想把精力花在移動上，那就搭計程車吧。從機場到威基基大多需要$35左右，但如果是Charley's Taxi則是一律固定為$29，所以也不必在意跳表的問題。撥公共電話叫車，通常10分鐘內就會配車過來。另外也有日語專用的分機。

費用
$29 （到威基基）

Charley's Taxi
☎ 808-531-1331

第2名 自由度肯定No.1！租車

→詳見左頁

Q. 旅遊期間真正能用的交通手段？

第**2**名 沿線景點最完善！LeaLea 路面電車

夏威夷有很多地方，如果不是開車的話就很不方便前往。包含必逛的阿拉莫那中心在內，其他像是卡哈拉購物中心（Kahala Mall）、美食聖地S King St.等地區，但LeaLea路面電車的路線就涵蓋了這些場所。只要有一張7日暢遊券，就可以盡情享受購物與觀光的樂趣了。發車站全都在皇家夏威夷中心，共有9條路線。預約請上 URL www.lealeaweb.com

費用 **7日暢遊券$49**

▶ALA MOANA / DON QUIJOTE LINE
約8～9分鐘一班 首班9:00 末班21:50
▶DOWNTOWN LINE
約30～45分鐘一班 首班9:00 末班16:30
▶DIAMOND HEAD／KAHARA MALL LINE
約45分鐘一班 首班9:00 末班16:30
▶ALA MOANA EXPRESS
約30分鐘一班 首班17:00 末班21:30
▶RESTAURANT DINNER LINE -WEST
約70分鐘一班 首班17:30 末班21:00
▶RESTAURANT DINNER LINE -EAST
約70分鐘一班 首班17:30 末班21:00
▶KCC EXPRESS
約30分鐘一班 首班7:15 末班11:15
▶DIAMOND HEAD EXPRESS
約20分鐘一班 首班7:00 末班8:40

第**1**名 到歐胡島的盡頭只需$2.50！The Bus

The Bus是一間路線幾乎遍佈整座歐胡島的大眾運輸公司。路線共有80逾條、站牌更是超過4000個。乘車費$2.75，如果會頻繁搭乘The Bus的話，建議購買1-Day Pass。要注意的是，現在已經沒有以前的「Transfer ticket」了。

乘車方法

1.尋找公車站
黃色站牌上會畫著公車的圖案。上頭只會寫有停靠該站站的車班，所以記得要確認一下。

2.上車
確認車頭的路線號碼，如果是你要搭的車就舉手攔車，並從前門上車。上車後將費用丟入司機旁邊的投幣箱。

3.下車
公車幾乎沒有到站廣播。下車時在要下車的站前按下車鈴，或是拉動窗邊的拉繩來響鈴告訴司機。

購買1 Day-Pass

如果計畫搭乘The Bus超過2次，可以購買1-Day Pass（$5.50）比較划算。以前若有持Transfer ticket則能自由轉車，不過這項制度在1-Day Pass推出後就廢除了。

禮儀＆規範

1.不找零
2.禁止飲食、吸菸
3.行車時不可走動
4.能放在腿上的行李可攜帶上車
5.傍晚至晚間乘車時須小心

成人 $2.75

〔客服中心〕
URL www.thebus.org

第**3**名 如果想遇見未知的歐胡島，就租一台可以自由上山下海的車！

預習最基本的規則

1.靠右行車 夏威夷主要為左駕車且靠右行車。

2.紅燈可以右轉 除了有「NO TRUN ON RED」警示牌的路口之外，其他地方都可以紅燈右轉。

3.暫停告示板 路口的「STOP」底下如果有「4WAY」的標誌，代表一開始先停下來的車子可以優先前進。

4.不可以超校車 如果校車亮起紅色停車燈並停靠的話，絕對不能超車。

5.必須加裝幼童安全座椅＆加高座椅 不滿4歲的幼童需乘坐幼童安全座椅，未滿8歲的兒童則需乘坐加高座椅。

6.時速單位為「英哩」 儀錶板上的時速單位為英哩（mile），1英哩＝約1.6km。路牌上標示的距離也是寫英哩。

如果想依自己的步調來觀光的話，租車是最好的選擇。The Bus和路面電車不方便到的地方，自駕都可以抵達，這是最吸引人的優點。而在沿海道路上兜風的痛快感覺，也是開車時值得玩味的地方。

Hertz
ハーツ・レンタカー
URL www.hertz.com
營業所
・Daniel K. Inouye International
Airport
☎ 808-837-7100
⏰ 4:30～凌晨0:00
・Hyatt Regency
☎ 808-971-3535
⏰ 7:00～21:00

租車流程

1.若為當地租車，請至營業所的櫃檯。也可以出發前先上網預約。
前往威基基等地的營業所，並當場辦理租車手續。辦完手續即可駕車。若事前有到網站上預約，不僅租金更加便宜，還可以預約跟油錢綁在一起的組合方案。

2.抵達機場後步行前往營業所。
從機場個人出口（Individual Passenger Exit）出去，穿越眼前的馬路後到中央分隔島。往右一直走，左手邊就會看到租車中心。

3.在櫃檯辦理手續
出示兌換券，並選擇各式保險與補足方案。最後刷卡結帳就完成了。

4.歸還

Q. ABOUT MONEY
告訴我跟錢有關的大小事！

A2. 哪裡換幣比較划算？

每個地方的匯率和手續費都不一樣，所以換幣時要特別注意！換幣後，一定要當場確認金額和兌幣證明收據上面是否一致。

第1名 兌幣所 T Galleria By DFS, Hawaii旁的路上聚集了許多兌幣所，每一間的匯率和手續費都不盡相同。有些匯率比銀行好，甚至也有些店不收手續費。

第2名 銀行 通常匯率比較好，但麻煩的是營業時間不長。而一次換比較多錢的時候，銀行可能會要求出示護照。

第3名 機場 檀香山國際機場裡頭雖然也可換幣，但匯率比較差，手續費也較高。建議注意一下自己在入境後、進入市區前這段期間需要多少錢，並事先換好最低限度的錢。

第4名 飯店 匯率雖然差，但櫃台24小時都開放兌幣，所以緊急時刻非常方便。每間飯店的匯率和手續費也不一樣，自己要多留意。

A1. 基本常識。了解各種面額。

$1＝31新台幣
1萬新台幣＝$317　　2019年5月當下

美國通貨單位為美元US（$）和美分Cent（¢）。$1＝100¢。紙鈔面額有$1、$5、$10、$20、$50、$100等6種。硬幣則分成1¢、5¢、10¢、25¢這4種。建議多備些$1紙鈔，付小費時很好用。

$50　　　　　　　　$100

$10　　　　　　　　$20

$1　　　　　　　　$5

25¢　　10¢　　5¢　　1¢

A3. 熟悉使用ATM，輕鬆換到錢

若持有Visa等大型國際品牌的卡片（信用卡、簽帳金融卡、預付卡），就可以直接從當地的提款機領錢出來。由於提領時需要PIN（密碼），所以不知道的話記得要跟發卡機構確認。皇家夏威夷中心LeaLea大廳裡的ATM經常有日籍工作人員，對英文沒自信的人也可以安心使用。

STEP3. 選擇卡片種類

選擇「Credit Carrd」。如果手上的卡是簽帳金融和預付卡，則選擇「Saving（存款）」。

STEP1. 輸入密碼（PIN）

「PIN」和在台灣刷卡時要輸入的密碼相同，輸入4個數字的密碼，並按下「ENTER」。

STEP4. 輸入金額

可以直接選擇面板上的金額，或是自行輸入金額。接著再提領現金。

STEP2. 選擇服務項目

選擇「Cash advance（預借現金）」，接著選擇「Withdrawal（提款）」。

Q. 咦？這樣也不禮貌!? 夏威夷有哪些意想不到的禮節？

A3. 飲用水最好用買的

如果喝飲料沒問題，身體卻不知道為什麼出了狀況，或是很在意怎麼樣的話，建議還是購買礦泉水。

A2. 飲酒相關的不當行為

21歲以上才可飲酒，並禁止於海灘和公園等戶外飲酒。店家會確認身分，所以記得隨身攜帶身分證明文件。

A1. 得宜的小費給法

床頭小費的行情約為$1～2。至於計程車和餐廳的小費則差不多為消費金額的15～20%。

A6. 禁止「J-Walk」

行人未走在斑馬線上穿越馬路的行為稱作「J-Walk」。這項行為是可能被課處罰鍰的。

A5. 這裡不能吸菸

餐廳和酒吧等公共場所全面禁菸，海灘和飯店內也只能在規定吸菸區內吸菸。

A4. 電壓不同

台灣的插頭短時間的話還可以使用。夏威夷的電壓為120V，雖然台灣的電子產品可以用，但還是避免長時間使用。

A8. 碰上緊急狀況時，電話的撥打方法

推薦使用可透過Wi-Fi免費進行通話的手機app。

 手機、電腦皆可視訊通話與語音聊天。不過必須雙方都在線上。

 彼此的裝置上都要安裝，並加入彼此為「好友」即可通話。還能發送照片和位置資訊，十分方便。

A7. 需遵守服裝規定

度假飯店內的餐廳和各高級餐廳，多少都會禁止穿著背心、海灘涼鞋等太輕便的服裝。男性的話最好穿著外套以及有領子的襯衫，或是夏威夷襯衫。女性則可穿著洋裝。

Q. IN CASE OF TROUBLE
碰上糾紛和受傷而陷入恐慌時該怎麼辦？嗚嗚

A3. 生病＆受傷時先連絡投保的保險公司

如果有保險，那碰到狀況時馬上連絡保險公司。如果要上醫院，也要先連絡保險公司，並到指定的醫院看診，還要記得請醫生開證明文件。不怕一萬，只怕萬一，還是建議保個保險。每間保險公司的手續都不一樣，所以記得事先上網頁或領取導覽手冊確認。

STEP1.
聯絡保險公司
STEP2.
到醫院接受治療
STEP3.
付款
STEP4.
再次聯絡保險公司

A2. 確保緊急時刻的聯絡處，萬一怎麼樣就能馬上SOS！

緊急
警察、消防、急救 ☎911
檀香山警察 ☎808-529-3111

發卡機構的緊急聯絡處
Visa卡 ☎1-866-670-0955
JCB卡 ☎1-800-606-8871
MasterCard ☎1-800-627-8372

交通
Daniel K. Inouye International Airport
（檀香山國際機場）☎808-836-6413

生病＆受傷
Doctors on Call
MAP P.187 B-4 ☎808-923-9966
Urgent Care Clinic of Waikiki
威基基緊急醫療診所
MAP P.187 B-3 ☎808-924-3399

A1. 遭竊＆物品遺失的話，依狀況冷靜應對

不同的物品遺失，採取的行動也不一樣，不過原則上都要報警，請他們開一張「遭竊、遺失證明書」。遭竊時的處理流程也一樣。

護照
報警後請他們開「遭竊、遺失證明書」，並到台灣領事館，繳交旅行證件申請證明、可以確認台灣國籍的文件與臉部照片。

信用卡
為避免盜刷，盡早聯絡信用卡公司，告訴對方你最後一次用卡的日期、店名、金額，並凍結卡片功能。

現金、貴重物品
報警並請他們開出遭竊、遺失證明書。如果丟失貴重物品，回國後可和保險公司申請理賠。如果是現金的話，沒有馬上找到就只能放棄了。

D   E   F

胡庫角
huku Pt.

卡胡庫
Kahuku

Romy's Kahuku Prawns
and Shrimp P.79

Seven Brothers
at the mill P.80

Farms
P.22

莫庫奧維亞島
Mokuauia Island

萊耶
Laie

萊耶灣
Laie Bay

萊耶角
Laie Pt.

Polynesian Cultural
Center

豪烏拉
Hauula

那奴伊河
u Str.

胡魯河
u River

柯勞山脈
Koolau Range

普那魯魯
Punaluu

卡哈納灣
Kahana Bay

卡哈納
Kahana

獅子山
Crouching Lion

卡阿厄瓦
Kaaawa

Kualoa Ranch（古蘭尼牧場）

懷卡內
Waikane

莫科里伊島（斗笠島）
Mokolii Island(Chinaman's Hat)

柯勞灣
Koolau Bay

拉烏阿阿河
alaua Str.

Mililani Mauka
aunani Valley

懷雅赫列
Waiahole

莫庫瑪奴島
Moku Manu Island

珍珠市
Pearl City

卡哈盧烏
Kahaluu

阿胡伊瑪努
Ahuimanu

黑伊亞凱亞
Heeiakea

莫卡普角
Mokapu Pt.

艾亞
Aiea

瓦伊瑪婁
Waimalu

莫阿那盧阿
Moanalua

卡內歐赫
Kaneohe

Kawainui Marsh
（卡瓦伊奴伊濕地）

卡內歐赫灣
Kaneohe Bay

凱盧阿
Kailua

凱盧阿灣
Kailua Bay

Kalama Beach P.147

哈拉瓦
Halawa

P.121 The Food Company Cafe

茂那維利
Maunawili

Lanikai Beach P.147
Kaiwa Ridge Trail P.29

珠港
l Harbor

Manoa Falls
（馬諾阿瀑布）

懷雷亞角
Wailea Pt.

Bellows Field Beach Park P.32

努阿努
紀念公墓
Nuuanu Punchbowl

懷馬納洛
Waimanalo

懷馬納洛灣
Waimanalo Bay

'Ai Love Nalo P.56,109

檀香山
國際機場
Daniel K.Inouye
International Airport

坦塔洛斯山
Tantalus

Waimanalo Beach P.21,56

馬馬拉灣
Mamala Bay

市中心
Downtown

檀香山
Honolulu

Makapuu Point
（瑪卡普烏角）

Makapu'u Heiau P.21
Makapuu Beach P.33

阿拉莫阿那
Ala Moana

威基基
Waikiki

Diamond Head（鑽石頭山）

Healing Pool

Makapuu Lighthouse Trail

Hawaii Kai
Hawaii Kai

Koko Crater Botanical Garden
（可可火山口植物園）P.26

阿拉莫阿那海濱公園
Ala Moana Beach Park

Kalanianaole
Hwy.

茂那婁阿灣
Maunalua Bay

Sandy Beach P.31
Halona Beach Cove P.33

P.21 China Walls

Lanai Lookout P.21

P.21,95 Island
Brew Coffeehouse

Hanauma Bay P.21

Koko Head Trail P.29

Koko Marina Center

P.78 Moena Cafe

凱威海峽
Kaiwi Channel

Kailua 凱盧阿 inset (top right)

Kailua
凱盧阿

N 區域地圖▶下圖

0   150   300m
1:25,000

Oneawa St.

P.39

Moke's Bread & Breakfast

Aloha Superette P.148

Kailua Pickers P.149

Cinnamon's Restaurant

S Kalaheo Ave.

P.103,148
Olive
Boutique

Alii Antiques I

WIMINI HAWAII P.148

Kuulei Rd.

P.147 Kailua Beach

Kailua
Beach Center

P.148
Leinai'a

Kailua Town Farmers' Market P.25

Kailua Shopping Center

P.147
Kailua
Bicycle

Whole Foods Market Kailua P.147

Kailua Thursday Night Farmers' Market

SoHa Living Kailua P.71,96,103

The Local Hawaii P.149

Kailua Rd.

P.40
Nalu Health Bar
& Caf

Island Bungalow P.103,149

Target Kailua P.71,147

Hamakua Dr.

Boot's & Kimo's P.38

Wanaao Rd.

Kailua General Store

Aumoe Rd.

Kakahiaka St.

Lanikai Beach

見右上

見P.180

178

D   E   F

Honolulu
檀香山

區域地圖 ▶ P.178

N

0   0.5   1km
1:50,000

1

伍德勞恩
Woodlawn

E. Manoa Rd.

帕洛洛溪谷
Palolo Valley

• Manoa Valley Field
阿 • Morning Glass Coffee + Caf P.83,94
oa • Choco le'a P.159
• Andy's Sandwiches & Smoothies P.159
• Starbucks Manoa Valley P.159

毛那拉尼高地
Maunalani Heights

2

聖路易高地
St. Louis Heights

P.39,110 Plumeria Beach House
P.106 Hoku's
P.88 The Veranda

夏威夷大學馬諾阿分校 P.159
Dole St. Kanewai Park •

P74,93,103 Whole Foods Market
P.71 The Refinery Honolulu
P.77 Puka's

(72)

Hawaii Kai

P.163
The Kahala Hotel
& Resort Ⓗ

3

夏曼納德大學
Chaminade
University

• North Shore Grinds

• Kahala Mall

Kahala Ave.

W & M Bar-B-Q Burger •

見上圖

里伊里
iili

Waialae Ave.

懷艾勒
Waialae

見P.184

卡利
ully

Kapahulu Ave.

凱姆基
Kaimuki

Kapiolani Blvd.

Date St.

• Monsarrat Ave.
Shave Ice P.111

• KCC Tuesday Farmers' Market P.99
卡波尼拉社區大學
Kapiolani Community College(KCC)

卡帕胡魯
Kapahulu

Alohea Ave.

鑽石頭山登山口

4

Ala Wai Golf Course •

鑽石頭山安妮拉花園教堂
Diamond Head Anela Garden Chapel

• Banan P.40
• Diamond Head Beach House P.37,96,103

• Fort Ruger Park

Ala Wai Blvd. 見P.186

The Royal Hawaiian,
a Luxury Collection
Resort

• Bogart's Cafe P.40,41

• Diamond Head (鑽石頭山)

Ⓗ

• Pioneer Saloon P.67

威基基
Waikiki

威基基海灘
Waikiki Beach

卡波拉尼公園
Kapiolani Park

• Barefoot Beach Cafe P.118

Diamond Head Rd.

• Diamond Head Beach

P.119 Beach Sunset Yoga Hawaii
Waikiki Natatorium War Memorial
Kaimana Beach
New Otani Kaimana Beach Hotel Ⓗ
P.41 Hau Tree Lanai
Pualani

威基基水族館
Ⓗ Colony Surf • Diamond Head Road P.16
• Michel's at the Colony Surf P.131

5

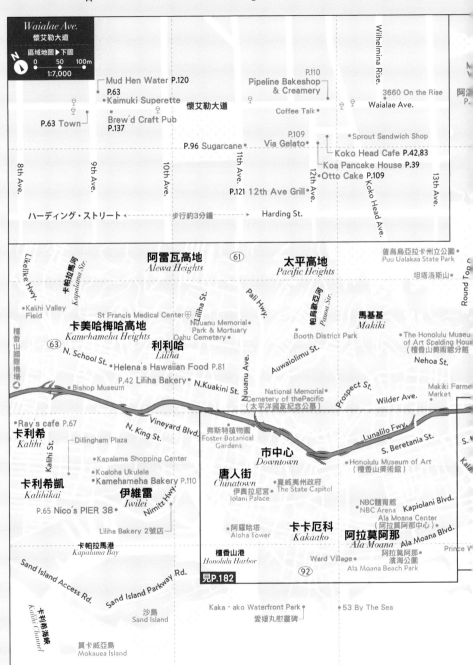

Waialae Ave.
懷艾勒大道

區域地圖▶下冊

N
0　50　100m
1:7,000

A　　　B　　　C

Mud Hen Water P.120
P.63
Kaimuki Superette

Brew'd Craft Pub
P.137

P.63 Town

懷艾勒大道

Pipeline Bakeshop P.110
& Creamery

3660 On the Rise

Coffee Talk

Waialae Ave.

Sprout Sandwich Shop

P.96 Sugarcane

P.109
Via Gelato

Koko Head Cafe P.42,83
Koa Pancake House P.39
Otto Cake P.109

P.121 12th Ave Grill

8th Ave.　9th Ave.　10th Ave.　11th Ave.　12th Ave.　Koko Head Ave.　13th Ave.

ハーディング・ストリート ←‥‥ 步行約3分鐘 ‥‥→ Harding St.

阿雷瓦高地
Alewa Heights

太平高地
Pacific Heights

普烏烏拉卡拉卡州立公園
Puu Ualakaa State Park

坦塔洛斯山
Round Top

Likelike Hwy.

卡帕拉馬河
Kapalama Str.

Pali Hwy.

帕烏歐亞河
Pauoa Str.

Kalihi Valley Field

St Francis Medical Center

Liliha St.

Nuuanu Memorial Park & Mortuary
Oahu Cemetery

Booth District Park

馬基基
Makiki

The Honolulu Museum of Art Spalding Hous
(檀香山美術館別館)

卡美哈梅哈高地
Kamehameha Heights

利利哈
Liliha

Auwaiolimu St.

Nehoa St.

63　N. School St.

Helena's Hawaiian Food P.81

檀香山國際機場

P.42 Liliha Bakery

N.Kuakini St.

Nuuanu Ave.

National Memorial Cemetery of the Pacific
(太平洋國家紀念公園)

Prospect St.

Wilder Ave.

Makiki Farme Market

Bishop Museum

Ray's cafe P.67

卡利希
Kalihi

N. King St.

Vineyard Blvd.

Dillingham Plaza

Kalihi St.

Kapalama Shopping Center

Koaloha Ukulele

Kamehameha Bakery P.110

卡利希凱
Kalihikai

伊維雷
Iwilei

Nimitz Hwy.

P.65 Nico's PIER 38

Liliha Bakery 2號店

弗斯特植物園
Foster Botanical Gardens

市中心
Downtown

唐人街
Chinatown

伊奧拉尼宮
Iolani Palace

Lunalilo Fwy.

S. Beretania St.

Honolulu Museum of Art
(檀香山美術館)

夏威夷州政府
The State Capitol

NBC體育館
NBC Arena

Ala Moana Center
(阿拉莫阿那中心)

Kapiolani Blvd.

阿蘿哈塔
Aloha Tower

卡卡厄科
Kakaako

阿拉莫阿那
Ala Moana

卡帕拉馬港
Kapalama Bay

檀香山港
Honolulu Harbor

Ward Village

阿拉莫阿那
濱海公園
Ala Moana Beach Park

Ala Moana Blvd.

Prince V

Sand Island Access Rd.

Sand Island Parkway Rd.

見P.182

92

卡利希海峽
Kalihi Channel

沙島
Sand Island

Kaka・ako Waterfront Park
愛媛丸慰靈碑

53 By The Sea

莫卡威亞島
Mokauea Island

D   E   F

Waikiki
威基基區域圖
區域地圖 ▶ P.180
N
0   100   200m
1:13,000

25B出口

• Café Kaila P.38

2nd Ave.
3rd Ave.

• 出口
S. King St.

P.71 South Shore Paperie •
Kaimuki Ave.

P.108
Cake
orks

East入口
Sweet E's Café
P.42

25B出口

Kapahulu Ave.

凱姆基
Kaimuki

• Leonard's Bakery P.110

Charles St.
4th Ave.

Waiaka St.

凱姆基高中
Kaimuki High School

Olu St.

Maunaloa Ave.

Blvd.

Mānoa-Pālolo Canal
馬諾阿帕洛洛運河

Safeway •

• Waiola Shave Ice P.111
Kaimana Farm Cafe P.41,63

Mooheau Ave.

6th Ave.

Paliuli Ave.

Winam Ave.

卡帕胡魯
Kapahulu

Olokele Ave.

Lukepane Ave.

Ekela Ave.

• Ono Seafood
P.64

Date St.

Da Ono Hawaiian Food •

Hoolulu St.

Martha St.

Herbert St.

Castle St.

Brokaw St.

尼學校
School

• Zippy's
Kapahulu

• Uncle Bo's P.121

• 阿拉威高爾夫球場
Ala Wai Golf Course

Bailey's Antiques and
• Aloha Shirts

• Rainbow Drive-In
P.78

Duval St.

Esther St.

阿拉威運河
Ala Wai Canal

威基基圖書館
(Waikiki-Kapahulu
Public Library)

Hollinger St.

Leahi Ave.

H Aqua Skyline
at Island Colony

• Waikiki Sand Villa

Royal Kuhio

H Aqua Aloha Surf Waikiki

Ohua Ave.

Paokalani Ave.

Paki
Playground
Paki Ave.

• Waikiki Trade Center

Hilton Waikiki Beach

Aqua Pacific Monarch Hotel

Kuhio Ave.

Waikiki Shopping Plaza

H King's Village

• Waikiki
Business Plaza

H Sheraton
Princess Kaiulani

Waikiki Banyan

Aston
Waikiki
Sunset

aua Ave.

• Outrigger Waikiki
On The Beach

H Hyatt Regency Waikiki
Beach Resort and Spa

Hyatt Place
Waikiki Beach H

H Moana Surfrider,
A Westin Resort & Spa

杜克・卡哈那莫庫像
Duke Kahanamoku Statue

Waikiki Beach
Marriott Resort & Spa

檀香山動物園
(Honolulu Zoo)

Monsarrat Ave.

H The Royal Hawaiian,
a Luxury Collection Resort

Aston Waikiki
Beach Hotel H

eraton Waikiki

Kalakaua Ave.

威基基室外劇場
Waikiki Shell

威基基海灘
Waikiki Beach

P.17,118 卡波拉尼公園 •
(Kapiolani Park)

• Queen's Surf Beach

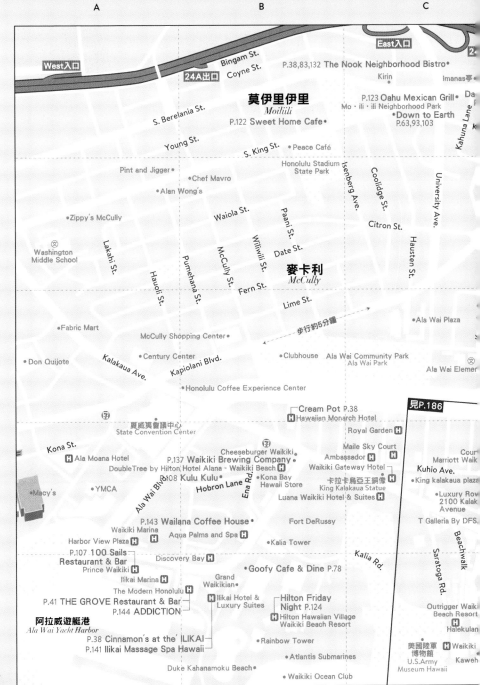

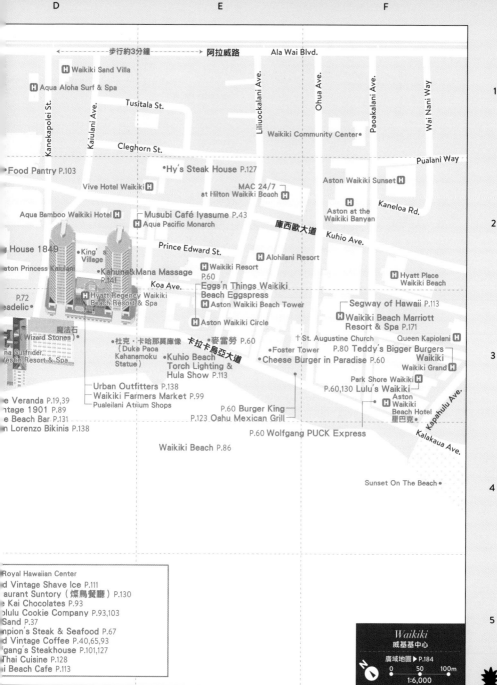

D　　　　　　　　E　　　　　　　　F

步行約3分鐘　　阿拉威路　　Ala Wai Blvd.

1

H Waikiki Sand Villa

H Aqua Aloha Surf & Spa

Kanekapolei St.

Kaiulani Ave.

Tusitala St.

Liliuokalani Ave.

Ohua Ave.

Paoakalani Ave.

Wai Nani Way

Cleghorn St.

Waikiki Community Center●

Pualani Way

Food Pantry P.103

●Hy's Steak House P.127

Vive Hotel Waikiki H

MAC 24/7
at Hilton Waikiki Beach H

Aston Waikiki Sunset H

Kaneloa Rd.

2

Aqua Bamboo Waikiki Hotel H

Musubi Café Iyasume P.43

H Aqua Pacific Monarch

庫西歐大道

Kuhio Ave.

H
Aston at the
Waikiki Banyan

House 1849

●King's
Village

Prince Edward St.

H Alohilani Resort

aton Princess Kaiulani

●Kahuna&Mana Massage
P.141

H Waikiki Resort
P.60

H Hyatt Place
Waikiki Beach

Koa Ave.

P.72
adelic●

●Hyatt Regency Waikiki
Beach Resort & Spa

Eggs'n Things Waikiki
Beach Eggspress
H Aston Waikiki Beach Tower

Segway of Hawaii P.113

(Wizard Stones)
魔法石

H Aston Waikiki Circle

H Waikiki Beach Marriott
Resort & Spa P.171

a Surfrider
est n Resort & Spa

●杜克・卡哈那莫庫像
(Duke Paoa
Kahanamoku
Statue)

麥當勞 P.60
卡拉卡烏亞大道

†St. Augustine Church
●Foster Tower

Queen Kapiolani H

P.80 Teddy's Bigger Burgers

Waikiki

●Kuhio Beach
Torch Lighting &
Hula Show P.113

●Cheese Burger in Paradise P.60

Waikiki Grand H

Park Shore Waikiki H

e Veranda P.19,39

Urban Outfitters P.138

Waikiki Farmers Market P.99

P.60,130 Lulu's Waikiki

ntage 1901 P.89

Pualeilani Atrium Shops

●
H Aston
Waikiki
Beach Hotel
星巴克

e Beach Bar P.131

P.60 Burger King

n Lorenzo Bikinis P.138

P.123 Oahu Mexican Grill

Kapahulu Ave.

Kalakaua Ave.

P.60 Wolfgang PUCK Express

Waikiki Beach P.86

3

Sunset On The Beach ●

4

Royal Hawaiian Center

d Vintage Shave Ice P.111

aurant Suntory (燦鳥餐廳) P.130

Kai Chocolates P.93

lulu Cookie Company P.93,103

Sand P.37

npion's Steak & Seafood P.67

d Vintage Coffee P.40,65,93

gang's Steakhouse P.101,127

Thai Cuisine P.128

i Beach Cafe P.113

5

Waikiki
威基基中心

廣域地圖 ▶ P.184

N

0　　50　　100m

1:6,000

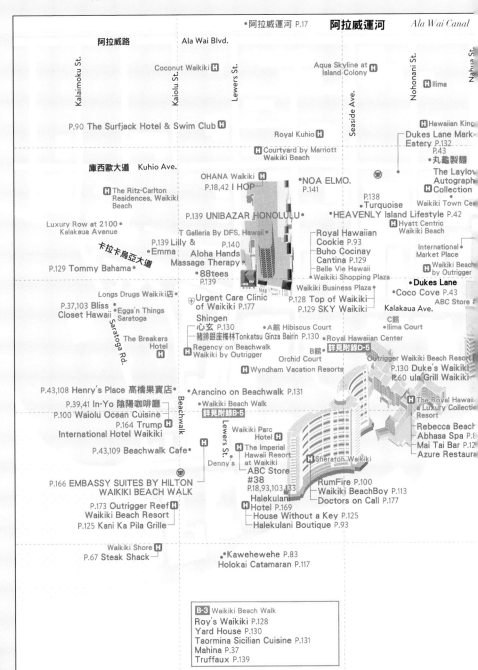

•阿拉威運河 P.17　**阿拉威運河**　*Ala Wai Canal*

阿拉威路　Ala Wai Blvd.

Kalaimoku St.

Coconut Waikiki 🅗

Kaiolu St.

Lewers St.

Aqua Skyline at
Island Colony 🅗

Seaside Ave.

Nohonani St.

Nahua St.

🅗 Ilima

P.90 The Surfjack Hotel & Swim Club 🅗

Royal Kuhio 🅗

🅗 Hawaiian King

Dukes Lane Market
Eatery P.132
P.43

🅗 Courtyard by Marriott
Waikiki Beach

•丸龜製麵

庫西歐大道　Kuhio Ave.

OHANA Waikiki 🅗
P.18,42 I HOP

•NOA ELMO.
P.141

The Laylov
Autograph
🅗 Collection

🅗 The Ritz-Carlton
Residences, Waikiki
Beach

P.138
•Turquoise

Waikiki Town Cen

Luxury Row at 2100
Kalakaua Avenue

P.139 UNIBAZAR HONOLULU•

•HEAVENLY Island Lifestyle P.42

🅗 Hyatt Centric
Waikiki Beach

卡拉卡烏亞大道

T Galleria By DFS, Hawaii •

P.139 Lilly &
Emma

P.140

Aloha Hands
Massage Therapy

Royal Hawaiian
Cookie P.93
Buho Cocinay
Cantina P.129
Belle Vie Hawaii

International •
Market Place

Waikiki Beach
by Outrigger

P.129 Tommy Bahama •

•88tees
P.139

Waikiki Shopping Plaza

•Dukes Lane

Longs Drugs Waikiki店•

Urgent Care Clinic
of Waikiki P.177

Waikiki Business Plaza •

P.128 Top of Waikiki

•Coco Cove P.43
ABC Store #

P.37,103 Bliss
Closet Hawaii

•Eggs'n Things
Saratoga

P.129 SKY Waikiki

Kalakaua Ave.

Saratoga Rd.

Shingen
心玄 P.130

心玄 P.130
猪排銀座梅林Tonkatsu Ginza Bairin P.130

•A館 Hibiscus Court

C館

Royal Hawaiian Center

•Ilima Court

The Breakers
Hotel
🅗

Regency on Beachwalk
Waikiki by Outrigger

Orchid Court

B館

詳見附錄D-5

Outrigger Waikiki Beach Resort

🅗 Wyndham Vacation Resorts

P.130 Duke's Waikiki
P.60 ula Grill Waikiki

P.43,108 Henry's Place 高橋果實店•

•Arancino on Beachwalk P.131

The Royal Hawaii
a Luxury Collectio
Resort

P.39,41 In-Yo 陰陽咖啡廳

•Waikiki Beach Walk

Beachwalk

Lewers St.

P.100 Waiolu Ocean Cuisine

詳見附錄B-5

Rebecca Beach

P.164 Trump
International Hotel Waikiki

Waikiki Parc
Hotel

Abhasa Spa P.8
Mai Tai Bar P.12

P.43,109 Beachwalk Cafe•

🅗 The Imperial
Hawaii Resort
at Waikiki

🅗

Denny's

🅗 Sheraton Waikiki

Azure Restaurar

P.166 EMBASSY SUITES BY HILTON
WAIKIKI BEACH WALK

ABC Store
#38
P.18,93,103,133

RumFire P.100

Waikiki BeachBoy P.113
Doctors on Call P.177

P.173 Outrigger Reef 🅗
Waikiki Beach Resort
P.125 Kani Ka Pila Grille

Halekulani
🅗 Hotel P.169

House Without a Key P.125
Halekulani Boutique P.93

Waikiki Shore 🅗
P.67 Steak Shack

•Kawehewehe P.83
Holokai Catamaran P.117

B-3 Waikiki Beach Walk
Roy's Waikiki P.128
Yard House P.130
Taormina Sicilian Cuisine P.131
Mahina P.37
Truffaux P.139

24H Hawaii guide INDEX

In-Yo（陰陽咖啡廳）————— 39、41
Oahu Mexican Grill ————— 123
Owens & Co. ————— 71、96
OLD NAVY ————— 35
Otto Cake ————— 109
Ono Seafood ————— 64
Olive Boutique ————— 103、148
Uncle Bo's ————— 121
Via Gelato ————— 109
Vintage 1901 ————— 89
Wolfgang PUCK Express ————— 60
WIMINI HAWAII ————— 148
Wing ————— 155
Wolfgang's Steakhouse ————— 101、127

Café Kaila ————— 38
Cafe Lani Hawaii ————— 34
Camaron ————— 79
Captain Bruce Tengoku no Umi® Tour（天國之海）— 44
Cream Pot ————— 38
Cake Works ————— 108
Coffee Gallery ————— 153
Coco Cove ————— 43
Guava Shop ————— 153
Goofy Cafe & Dine ————— 78
Green World Coffee Farm ————— 22
Grondin ————— 68
Kaiwa Ridge Trail ————— 29
Kaimana Farm Cafe ————— 41、63
Kaimuki Superette ————— 63
KailuaTown Farmers' Market ————— 25
Kailua Bicycle ————— 147
Kailua Beach ————— 147
Kailua Pickers ————— 149
Kawehewehe ————— 83
Kaka'ako Kitchen ————— 57
Kani Ka Pila Grille ————— 125
Kapiolani Park（卡波拉尼公園）————— 17、118
Kahuna & Mana Massage ————— 141
Kahuku Farms ————— 22
Kamehameha Bakery ————— 110
Kalama Beach ————— 147

ALOHA SUPERETTE

'Ai Love Nalo ————— 56、109
Artizen by MW ————— 55
ART AFTER DARK ————— 132
Asahi Grill ————— 81
Azure Restaurant ————— 131
ADDICTION ————— 144
Abhasa Spa ————— 89
Ala Moana Center ————— 34、50、82
Ala Moana Beach Park ————— 57
Ala Wai Canal ————— 17
I HOP ————— 18、42
Island Vintage Coffee ————— 40、65、93
Island Brew Coffeehouse ————— 21、95
Island Vintage Shave Ice ————— 111
Island Bungalow ————— 103、149
Outrigger Reef Waikiki Beach Resort ————— 173
Urban Outfitters ————— 138

ISLAND BUNGALOW HAWAII

88tees ————— 139
Arancino on Beachwalk ————— 131
ARVO ————— 95、109
Aloha Superette ————— 148
Aloha Hands Massage Therapy ————— 140
ABC Store #38 ————— 18、93、103
ANTHROPOLOGIE ————— 71、104
Andy's Sandwiches & Smoothies ————— 159
Eating House 1849 ————— 78
Eat The Street ————— 83
Eggs 'n Things Waikiki Beach Eggspress ————— 60
Ehukai Beach Park ————— 22、32
EMBASSY SUITES BY HILTON® WAIKIKI BEACH WALK® —166
Ilikai Massage Spa Hawaii ————— 141

Kan zaman	49
Kukaniloko Birth Stones	22
Kuhio Beach Torch Lighting & Hula Show	113
Kulu Kulu	108
KCC Tuesday Farmers Market	99
Kate Spade New York	53
Koa Pancake House	39
Koko Crater Botanical Garden（可可火山口植物園）	26
Koko Head Trail	29
Koko Head Cafe	42、83

Steak Shack	67
SpoNaviHawaii	45
Segway of Hawaii	113
Seven Brothers at the mill	80
SoHa Living Kailua	71、96、103
The Refinery Honolulu	71
The Laylow, Autograph Collection	91
The Local Hawaii	149

Diamond Head Beach House	37、96、103
Diamond Head Road	16
Down to Earth	63、93、103
Tyra Spa	141
Town	63
Target Kailua	71、147
Turquoise	138

South Shore Paperie	71
Saks Fifth Avenue OFF 5TH	52
Summer Frappe	155
The Kahala Hotel & Resort	163
THE GROVE Restaurant & Bar	41
The Surfjack Hotel & Swim Club	90
The Veranda	88
The Nook Neighborhood Bistro	38、83、132
The Beach Bar	131
The Beet Box Cafe	40、152
The Pig & The Lady	48
The Food Company Cafe	121
The Brilliant Ox	80
The Veranda	19、39

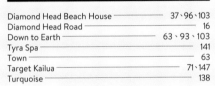

Cheese Burger in Paradise	60
China Walls	21
Champion's Steak & Seafood	67
Choco le`a	159
Dagon	123
Dat Cajun Guy	79
Henry's Place（高橋果實店）	43、108
Taormina Sicilian Cuisine	131
T.J. Maxx.	112
Tin Can Mailman	155
Ted's Bakery	57、79
Ted Baker London	53

Cinnamon's at the ILIKAI	38
Celestial Natural Foods	152
Giovanni's Aloha Shrimp	79
J Crew on the Island	52
JUNGLE WATERFALL HIKE TOUR	45
Sunset Beach	57
Sandy Beach	31
San Lorenzo Bikinis	138
Sugarcane	96
Shingen（心玄）	130
Sweet E's Café	42
Sweet Home Cafe	122
SKY Waikiki	129
Starbucks Manoa Valley	159

Halekulani	169
Halekulani Boutique	93
Halona Beach Cove	33
Hawaii State Art Museum（夏威夷州立美術館）	55
Hank's Haute Dogs	157
Here.	157
Hilton Friday Fireworks	124
Pierre Marcolini	108
Piggy Smalls	69
PinkSand	37
University of Hawaii at Manoa（夏威夷大學馬諾阿分校）	159

PAIKO

12th Ave Grill	121
Dew Drop Inn	69
Dukes Lane Market & Eatery	132
Duke's Waikiki	130
Doctors on Call	177
Dolphins and You	15
Eastern Paradise（東仙閣）	123
Truffaux	139
Top of Waikiki	128
Tommy Bahama	129
Trump International Hotel Waikiki	164
Tori Richard	52
Tonkatsu Ginza Bairin（豬排銀座梅林）	130
Teddy's Bigger Burgers Waikiki	80

Nalu Health Bar & Café	40
Number808	153
Nico's PIER	65
NOA ELMO	141
Noi Thai Cuisine	128
Noelani Hawaii Boutique	152
North Shore Soap Factory	103
NORDSTROM	51、82
Nordstrom Rack	112

Burger King	60
Bikeadelic	72
BacNam	122
Highway Inn	78
Hy's Steak House	127
House Without a Key	125
Hau Tree Lanai	41
Hanauma Bay（恐龍灣）	21
Pipeline Bakeshop & Creamery	110
Pioneer Saloon	67
PAIKO	157

Boot's & Kimo's	38
Buho Cocina y Cantina	129
Bliss Closet Hawaii	37、103
Brew'd Craft pub	137
Bloomingdale's	51、82
Barefoot Beach Café	118
Bellows Field Beach Park	32
Bogart's Cafe	40、41
Fisher Hawaii	157
Fishcake	157
Food Pantry	103
Foodland Farms	34
Hoku's	106
Hula Grill Waikiki	60
HEAVENLY Island Lifestyle	42
Helena's Hawaiian Food	81
Honolulu Cookie Company	93、103
Honolulu Burger Company	80
Honolulu Beerworks	137
Honolulu Museum of Art（檀香山美術館）	54
Honolulu Farmers' Market	98
Honolulu Museum of Art Café	54
Holokai Catamaran	117
Plumeria Beach House	39、110
Puka's	77
Whole Foods Market	74、93、103
Whole Foods Market Kailua	147

Banan	40
Bubble Shack Hawaii	153
Barrio Vintage	155
Beach Sunset Yoga Hawaii	119
Beachwalk Cafe	43、109
Bikini Beach Cafe	113

Rainbow Drive-In	78
Ruscello	53
Restaurant Suntory（燦鳥餐廳）	130
Rebecca Beach	71
Roy's Waikiki	128

Longs Drugs	35
Royal Kitchen	49
Royal Hawaiian Cookie	93
Ross Dress for Less	112
Roberta Oaks	155
Romy's Kahuku Prawns and Shrimp	79

Waialua Sugar Mill	103
Waiola Shave Ice	111
Waiolu Ocean Cuisine	100

100 Sails Restaurant & Bar	107
Urgent Care Clinic of Waikiki	177
Waikiki Beach	86
Waikiki BeachBoy	113
Waikiki Beach Marriott Resort & Spa	171
Waikiki Farmers Market	99
Waikiki Brewing Company	137
Waimanalo Beach	21、56
Wailana Coffee House	143

WAILANA COFFEE HOUSE

丸亀製麵	43
Mai Tai Bar	53、101
Mai Tai Bar	125
Makapuu Beach	33
Makapu'u Heiau	21
McDonald's（麥當勞）	60
Mud Hen Water	120
Matsumoto Shave Ice	111
Manoa Valley（馬諾阿溪谷）	28、159
Mahina	37
Malie Kai Chocolates	93
Mariposa	82
Michel's at the Colony Surf	131
Musubi Café Iyasume	43
Moena Cafe	78
Morning Glass Coffee + Café	83、94
Moke's Bread & Breakfast	39
Monsarrat Ave. Shave Ice	111

UNIBAZAR HONOLULU	139
Yard House	130

Livestock Tavern	48、80
Lanai Lookout	21
Lanikai Beach	147
Lilly & Emma	139
Lilih a Bakery	42
RumFire	100

LuLu's Waikiki	60、130
Leinai'a	148
Legend Seafood Restaurant	49
Let Them Eat Cupcakes	108
Leonard's Bakery	110
Ray's cafe	67
Ray's Kiawe Broiled Chicken	81

PROFILE

橫井直子（NAOKO YOKOI）

曾任企劃編輯，編纂以夏威夷為主的海外旅遊書籍，2012年以自由編輯&文字工作者的身分自立門戶。主要書寫領域為旅行和美食資訊，至今經手過的夏威夷相關書籍超過100本。本身目前前往夏威夷的次數也超過50次，同時在旅行途中更是堅持一天要吃6～8餐的美食鬥士，對夏威夷、肉類、炸物的熱愛超乎常人。另著有24H漫旅系列的第5部作品《24H沖繩漫旅》等。

TITLE

24H夏威夷漫旅

STAFF

出版	瑞昇文化事業股份有限公司
作者	橫井直子
譯者	沈俊傑
總編輯	郭湘齡
責任編輯	蕭妤秦
文字編輯	張聿雯
美術編輯	許菩真
排版	二次方數位設計　翁慧玲
製版	明宏彩色照相製版有限公司
印刷	桂林彩色印刷股份有限公司
法律顧問	立勤國際法律事務所　黃沛聲律師
戶名	瑞昇文化事業股份有限公司
劃撥帳號	19598343
地址	新北市中和區景平路464巷2弄1-4號
電話	(02)2945-3191
傳真	(02)2945-3190
網址	www.rising-books.com.tw
Mail	deepblue@rising-books.com.tw
本版日期	2023年4月
定價	400元

ORIGINAL JAPANESE EDITION STAFF

撮影	HIKARU　株式会社P.M.A.トライアングル
イラスト	竹本綾乃
マップ	s-map
表紙・本文デザイン	佐藤ジョウタ（iroiroinc.）
現地コーディネート	高田あや　Yukako Rogers
編集協力	山根彩　喜多村あすか　緒見友香
	甲賀麻美　喜多奈美
写真提供	HIPHO/ Shutterstock（P.29）
	Kim Jo Yi/ Shutterstock（P.29）
	Leigh Anne Meeks/ Shutterstock（P.22）
	Ignatius Tan/ Shutterstock（P.20）
企画・編集	白方美樹（朝日新聞出版 生活・文化編集部）

國家圖書館出版品預行編目資料

24H夏威夷漫旅/橫井直子作；沈俊傑譯. -- 初版. -- 新北市：瑞昇文化事業股份有限公司, 2022.04
192面；14.8 x 19.3公分
譯自：24H Hawaii guide : perfect trip for beginners & repeaters
ISBN 978-986-401-549-8(平裝)
1.CST: 旅遊 2.CST: 美國夏威夷

752.799　　　　　　　　111003549